Recueil De Ces Messieurs

Anne Claude Philippe Caylus

RECUEIL
DE
CES MESSIEURS.

AMSTERDAM,
Chez LES FRERES WESTEIN.
1745.

L'IMPRIMEUR AU LECTEUR.

UNe personne plus aimable encore qu'elle n'est aimée à cause ... a prié cet Automne plusieurs de ses amis, de lui envoyer toutes les bagatelles qu'ils pourroient trouver dans leurs poches ou dans celles des autres, pour l'amuser pendant le cours d'un petit voyage qu'elle devoit faire à la campagne. Ce qui l'obligea de revenir promptement à Paris, & c'est ce qui m'allarma; car ce Recueil

cueil est le fruit de leur obéissance, de leur attention & de tout leur esprit qui m'est heureusement tombé dans les mains. Je le présente au Public, & je souhaite qu'il l'amuse plus qu'il ne fait la personne intéressée; on pourra donner d'autres Automnes les années suivantes, si celui-ci a le bonheur de réussir. La Préface est à la fin.

TABLE DES TITRES.

Fin de la Table.

HISTOIRE DE LIRADI,

NOUVELLE ESPAGNOLE.

IRADI naquit à Barcelonne de parens illustres & puissans. L'orgueil de la naissance, & la présomption qu'inspirent les richesses, ne les empêcherent pas de penser que le meilleur naturel a encore besoin d'éducation.

A Celle

Celle de Liradi fut donc extrêmement soignée. Les graces de la figure & de l'esprit la rendirent une de ces merveilles, dont le Public s'occupe & s'engouë, pour ainsi dire, par la quantité de Particuliers qui en deviennent adorateurs. On verra bientôt que les soins qu'on prend de l'esprit ne passent pas toujours jusqu'au caractere.

Comme la mere de Liradi n'étoit point de celles qui voulant aller plus long-tems dans le monde, que leur âge ne le permet, se servent du prétexte d'accompagner & d'amuser leur fille pour leur propre amusement, & qui souvent poussent ce prétexte beaucoup trop trop loin pour la jeune personne, Liradi fut mariée d'abord qu'il fut possible de l'établir.

Dom

Dom Diégue de Patina, jeune, bienfait, riche & de très-bonne Maison, en devint l'heureux possesseur. L'amour suivit l'hymen, & Dom Diégue éprouva le sort de tout mari qui n'est pas difforme, & qui n'épouse point une personne prévenue d'une autre passion: il éprouva, dis-je, ces tendres retours que l'hymen fait naître quelquefois, mais qu'il ne sçait pas toujours conserver. La grande jeunesse de Liradi, ses charmes naissans, & surtout les premieres impressions de son cœur procurerent à Dom Diégue un bonheur véritable; mais la mort au bout de deux ans termina des plaisirs qui peut-être étoient parvenus à leur période.

Les horreurs d'un spectacle funebre, & les effets d'une ten-

dre habitude firent répandre à la jeune veuve des larmes qui la firent respecter, & qu'elle prit elle-même pour les preuves d'un désespoir excessif; cependant Liradi s'étant retirée chez son pere, éprouva même avant la fin de son deuil la consolation que l'idée seule de la liberté est capable de donner; & aussi-tôt qu'il lui fut possible de se montrer, elle suivit un penchant très naturel, & se répandit dans le monde, qu'elle étoit faite pour orner.

Deux ans de mariage, une année de retraite avoient apporté du changement dans le caractere de Liradi, ou plûtôt lui avoient donné le tems de se développer; la complaisance de ses parens y contribua beaucoup; devenus plus âgés, ils devinrent

rent plus complaisans, & n'étant plus chargés de son éducation, ils changerent en adoration l'amitié éclairée qu'ils avoient eue pour elle.

La vanité s'empara bientôt de son cœur : sa naissance, sa beauté, son esprit, sa sagesse & ses grands biens sembloient l'autoriser; combien voit on de vanités qui n'ont aucuns de ces prétextes !

Liradi, l'objet de tous les vœux & de tous les regards de Barcelonne, eut bientôt soumis tout ce qui parut à ses yeux; aussi s'attira-t'elle un très-grand nombre d'ennemies irréconciliables; sa vanité en fut amusée quelque tems, aucune jolie femme n'a eu jusqu'à présent le cœur assez bon pour être affligée d'une pareille inimitié, le

 plus

plus grand triomphe de ses charmes. Les plaisirs qui venoient se présenter sans cesse à la belle Liradi, & qui jamais ne se faisoient désirer, cesserent enfin d'être aussi vifs; bientôt ils devinrent insipides, ils finissent par être accompagnés du dégoût qui naît de l'habitude, cette ennemie de l'amour & de tous les bonheurs; son coeur étoit vuide au milieu des plaisirs de la liberté, & d'un applaudissement général. Elle éprouva le malheur de n'être plus contrainte, & rien ne put remplir ou satisfaire qu'imparfaitement un coeur qui devint incapable de tout ressort; d'ailleurs quand le coeur a connu les charmes de la tendresse, les vivacités de l'amour, & les transports d'un tendre retour, il ne peut plus s'y refuser.

Dans

Dans le nombre des adorateurs qui environnent & qui se présentent à une jolie femme, il est bien difficile qu'il n'y en ait pas quelqu'un qui fasse impression. Cardoné fut cet heureux mortel, & Liradi le préféra à ses rivaux. Il réunissoit en lui tout ce que la femme la plus difficile pouvoit désirer dans un Amant ; en un mot, la fiére, la superbe Liradi fut elle-même forcée de lui rendre justice ; c'est tout dire ; cet heureux Amant avoit sçu plaire qu'il l'ignoroit encore ; le véritable amour n'est jamais confiant. Cardoné commença de connoître son bonheur par la retraite de ses rivaux ; un Amant qui se voit moins écouté, se retire ; & ce procédé géneral prouve que l'amour est le plus

grand ennemi de la coquetterie.

Liradi récompensa par l'aveu de sa tendresse l'attachement vif & tendre qu'elle avoit inspiré à Cardoné; mais avant d'obtenir cet aveu, la dureté, la hauteur, l'inégalité firent passer à cet Amant plusieurs années dans un trouble que tout autre n'auroit pû soutenir; sa douceur naturelle, & plus encore son amour excessif, lui firent supporter les épreuves les plus dures, la soumission de Cardoné ne servit qu'à nourrir les hauteurs de Liradi; un empire trop sûr cessa de la flatter. Sans être inconstante ni coquette, elle en avoit tous les inconvéniens; le dégoût, la tristesse & l'insipidité regnoient alternativement dans son ame. Cardoné aimé n'en étoit pas moins l'objet de tous ses

ſes caprices. Quelquefois il ſe ſéparoit de Liradi avec ce contentement que l'accord de deux cœurs peut ſeul procurer; il la quittoit, plein de ce raviſſement de l'ame & de l'eſpérance d'un rendez-vous donné. Une humeur ſombre que rien n'avoit occaſionné, produiſit, ce jour ſi deſiré, une ſurpriſe affligeante. Il ſembloit au malheureux Cardoné qu'il étoit un objet inconnu : la patience, la douceur, les tendres reproches ramenoient enfin ces ſentimens ſi mérités; mais ſouvent des heures entieres ſuffiſoient à peine pour ranimer un amour qui paroiſſoit abſolument éteint. Ces inégalités privoient l'amoureux Cardoné de cette joye douce que l'on reſſent quand on vole vers ce que l'on aime; ce deſir qu

qui donne une émotion si tendre, n'étoit jamais pur dans son cœur, il étoit vivement combattu par la crainte de trouver une Maîtresse froide, indifférente ou méprisante; car pour mettre plus d'importunité dans le commerce, jamais Liradi ne donnoit l'explication sur les sentimens dont elle étoit affectée, il falloit toujours la deviner, ce qui n'étoit pas aisé, puisqu'elle ne pouvoit se deviner elle-même.

Cardoné attribuoit à des combats intérieurs que l'austérité de sa vertu lui inspiroit sur le don de la plus legere faveur, tout ce qui n'étoit que l'effet d'une bile dont l'épanchement n'étoit devenu que trop nécessaire au caractére, & peut-être à la santé de Liradi.

Quelqu'aveugle que soit l'amour propre, nous connoissons nos défauts du moins en général. Liradi sçavoit donc qu'elle avoit de l'humeur, elle en faisoit l'aveu dans de certains momens de gayeté, & pour remédier à l'inconvenient qu'elle sentoit elle-même dans son caractére, elle avoit persuadé au passionné Cardoné qu'elle étoit susceptible de jalousie; mais en même-tems elle l'avoit assuré qu'elle avoit trop de fierté pour vouloir jamais en donner la plus legere preuve. Ce moyen étoit non-seulement admirable pour servir d'excuse à son humeur; mais il étoit d'autant plus sûr encore, que la délicatesse & l'imagination d'un Amant font en pareil cas plus de la moitié du chemin. Cette idée jette un homme

homme véritablement amoureux dans un trouble continuel & dans un examen de sa conduite éternellement répété ; il me semble que la situation où il se trouve est la même qu'éprouvent ceux que l'Inquisition retient dans ses prisons, & qui doivent s'accuser du crime pour lequel ils sont arrêtés.

Une sérénade que Liradi avoit paru desirer, que Cardoné avoit fait exécuter par les Musiciens les plus célébres, & pour laquelle il avoit composé les paroles les plus tendres, ne procuroit ordinairement le lendemain qu'un mécontentement toujours suivi de reproches : tantôt la Musique avoit commencé trop tôt, on n'étoit point encore hors de table quand elle s'y étoit fait entendre

dre, tantôt elle étoit arrivée trop tard, on s'étoit ennuyé de l'attendre ; mais presque toujours les paroles avoient été trouvées plattes ou fades, plus souvent encore la Musique avoit donné la migraine ; car la migraine des femmes est la premiere de toutes leurs ressources pour cacher leur humeur.

Les combats de taureaux, les courses de chevaux, enfin tous les plaisirs que Cardoné lui procuroit sans cesse, avec autant de vivacité que d'attention, avoient le même sort que les sérénades.

L'amour propre & l'amour, ces deux freres, qui se prêtent continuellement & des forces & des armes, sont d'accord sur plusieurs points, mais entre autres sur celui-ci : ils persuadent toujours que l'on peut corri-

ger

ger. Il n'eſt point d'amour quelqu'aveugle qu'il puiſſe être qui ne connoiſſe les défauts de ce qu'il adore : tout ce que le ſentiment peut produire, c'eſt de les excuſer & quelquefois de les faire aimer. Cardoné ſe perſuada donc très-aiſément que ſa douceur feroit à la fin impreſſion ſur Liradi ; il ſe flatta qu'elle en ſeroit touchée, mais il ſe trompa : ſa complaiſance & ſa ſoumiſſion ne firent qu'augmenter les inconveniens de ſon caractere, & acheverent de la perdre ; elle étoit du nombre de celles qu'il faut traiter avec ſévérité ; c'eſt un grand malheur pour ceux qui leur ſont attachés.

Liradi diſoit ſans ceſſe qu'elle vouloit être aimée à ſa mode ; c'étoit un de ſes diſcours

favoris,

favoris, mais cette mode varioit à chaque instant. Si Cardoné projettoit d'employer les momens de l'absence dans la retraite à laquelle les idées de l'amour conduisent ordinairement, on lui ordonnoit aussitôt de se dissiper. Si par douceur & par complaisance il suivoit cette dissipation, les reproches les plus amers en étoient presque toujours la fuite. Une grande passion fait diversion sur les autres goûts, il n'est même que trop commun de voir l'amour faire négliger l'amitié, la seule ressource dans les peines & dans les malheurs; Liradi non contente de la séparation du monde à laquelle l'occupation du cœur avoit conduit son amant, voulut encore ajouter un chagrin plus essentiel

effentiel à tous ceux dont fon commerce étoit rempli; c'étoit toujours avec mepris qu'elle parloit à Cardoné des amis qu'il avoit mérité, mais ce n'étoit point encore affez pour fon humeur; elle vouloit qu'il reffentît & partageât les haines qu'elle éprouvoit, & dont elle changeoit fouvent l'objet : ce dernier article étoit difficile à foutenir pour un homme fimple, & qui n'avoit aucun penchant pour la haine.

Telle étoit la cruelle fituation de ces deux amans. L'humeur fait encore plus fouffrir après l'accès ceux qu'elle a poffedés le plus vivement.

Le cœur a des révoltes plus vives encore que celles de l'efprit. Un jour enfin Liradi fur la plus fimple bagatelle étalla

toutes

toutes les aigreurs de l'imagination la plus féconde en ce genre ; elle n'oublia point tous les éloges d'elle-même que sa vanité lui présentoit ordinairement, elle fit ensuite le parallele des défauts de son amant exactement comparés avec les perfections dont elle se croyoit remplie ; ce jour, dis-je, la patience échappa au malheureux Cardoné, qui s'écria comme il avoit fait mille fois dans le cours de sa triste passion : *il est encore des maux pour un amant aimé.*

Ce n'est pas sans raison que les maîtresses déraisonnables redoutent & veulent proscrire les amis de leurs amans ; c'est en vain qu'elles veulent colorer l'éloignement qu'elles désirent de leur inspirer, d'un sentiment

de délicatesse : un motif plus interessé les conduit, elles craignent les yeux de l'amitié, elles redoutent l'examen de leur caractere : Liradi n'avoit point négligé cette précaution, & n'avoit que trop bien réussi ; mais la cruelle situation où se trouvoit Cardoné, causerent enfin de l'inquiétude, & attendrirent un ancien ami qui lui étoit demeuré attaché malgré lui-même : il oublia la façon dont Cardoné l'avoit négligé, il sçut distinguer l'ami des conseils de la maîtresse, & sans être piqué contre l'un, il sçut aimer l'autre ; connoissant le chemin de son coeur, il lui fut aisé d'obtenir sa confidence, & de s'instruire de tout ce qu'on lui faisoit souffrir : enfin ne voyant aucun autre moyen pour

pour le déterminer à chercher un repos qu'il ne pouvoit plus trouver dans sa patrie, il résolut de partir lui-même avec son ami, & l'engager par son exemple à prendre parti sur la Flotte que le Roi d'Espagne envoyoit alors en Italie. Le Général étant de ses amis leur donna à l'un & à l'autre de l'emploi. Les Vaisseaux étoient prêts à mettre à la voile; & cette diligence étoit si fort d'accord avec leurs motifs, que s'étant embarqués le soir même de leur résolution, la Flotte prit le large au point du jour.

Liradi apprit la nouvelle du départ de Cardoné, sans vouloir en être persuadée; elle lui fut bien-tôt confirmée par la lettre la plus tendre, & que celui qui l'avoit écrite croyoit la

plus dure;elle fut même récrite plusieurs fois avant que d'être approuvée ; mais ces ménagemens que l'amour seul peut exiger ne furent pas seulement apperçus : Liradi reçut cette lettre, & la regarda comme les hiperboles ordinaires aux amans ; elle plaça ce départ au rang de la mort, dont un amant dit toujours qu'il est menacé ; & quand elle fut certaine que ce qu'elle avoit pris pour la menace d'un amant mécontent qui la vouloit allarmer, étoit une vérité, elle en fut piquée ; le goût qu'elle avoit pour Cardoné étoit suffisant pour lui faire sentir quelque douleur de son départ; le plaisir d'être adorée, & celui de commander en Souveraine devient une douce habitude, dont la privation

vation paroît sensible. Mais la vanité, cette source de tant de maux, lui persuada bien-tôt qu'un amant qui pouvoit s'éloigner d'elle, ne lui étoit que médiocrement attaché, & ne méritoit de sa part que les plus foibles regrets; elle ne daigna donc pas lui témoigner plus de chagrin de son absence que de regret de son départ.

La valeur de Cardoné trouva des occasions de se signaler; mais enfin il fut blessé considerablement dans une affaire dont il eut seul tout l'honneur; son fidele ami y perdit la vie, & ce dernier malheur réduisit Cardoné dans un état plus cruel & plus dangereux que ses propres blessures.

Liradi fut instruite de l'état où il se trouvoit, & pour satisfaire

faire ce qu'elle avoit d'amour ; contenter sa générosité, & ménager en même-tems son orgueil, elle lui fit faire les offres les plus essentielles d'argent & d'amis sous des noms empruntés ; elle avoit pris de si grandes précautions, que Cardoné fut long-tems sans sçavoir que c'étoit à Liradi qu'il devoit les secours dont il se voyoit accablé ; mais l'amour, tout aveugle qu'il soit, est encore difficile à tromper, il fait plus qu'entrevoir, il démêle à la fin ; & soit instinct, soit lumieres de l'amour propre, il se trouve une infinité de choses qui ne peuvent être apperçues que par un amant. Ces secours & ces attentions firent impression sur Cardoné : en un mot, il n'y fut que trop sensible : pouvoit-il

il y méconnoître Liradi ! Son cœur en fût émû, soit que l'amour redoublât en lui la reconnoissance, ou que la reconnoissance réveillât son amour, soit enfin que l'absence ne puisse être un reméde suffisant pour guérir une grande passion : En effet la distance des tems & des lieux ne sert souvent qu'à faire évanouir le souvenir des défauts, & de ce qui nous a révolté dans l'objet aimé, pendant que le souvenir des agrémens renaît au contraire, & se peint à notre cœur avec autant & plus de vivacité qu'ils en avoient auparavant.

Les Médecins conseillerent à Cardoné de prendre l'air natal; ce conseil flatta son goût, sans s'avouer cependant à lui-même, qu'il ne pouvoit se réta-

blir que dans un pays habité par Liradi. Pendant la route qui le conduisoit auprès d'elle, il s'imaginoit quelquefois qu'il n'auroit jamais la foiblesse de la revoir; il se rappelloit combien cette foiblesse seroit peu pardonnable; mais quelquefois aussi il se disoit qu'il ne pouvoit, sans être ingrat, ne lui pas témoigner la reconnoissance que méritoit ses soins & ses attentions; il se persuadoit même que la vûe de Liradi & l'examen de son caractere étoient les seuls moyens qui pouvoient le guérir absolument. Qu'il se trompoit, hélas! Quand on a pû se résoudre à écouter l'amour, on a bien-tôt pardonné; la passion reprend tous ses droits & son ancienne place : voilà du moins ce qui arriva à Cardoné. D'abord

bord qu'il fut à Barcelonne, il se traîna, pour ainsi dire, aux pieds de la seule personne qu'il auroit dû éviter, d'autant plus malheureux qu'il connoissoit la source de son mal, & qu'il étoit obligé de convenir avec lui-même que rien dans la nature ne le pouvoit guérir, puisque les traverses, les peines qu'il avoit éprouvées, & les réflexions qu'il avoit faites, ne le rendoient pas plus réservé; elle avoit été fidelle, personne n'étoit même attaché à son char: combien ce procédé en fait-il excuser d'autres? la revoir & l'adorer ne furent donc qu'une même chose.

Le véritable amour est ingenu, Cardoné aimoit trop pour se conduire avec esprit. Loin de faire valoir sa nouvelle dé-

faire, il ne la présenta que du côté de l'ascendant prodigieux que cette Beauté ne pouvoit cesser d'avoir sur lui, tandis qu'elle ne se servit de ce nouveau triomphe que pour tiranniser un homme qui selon les apparences ne pouvoit plus lui échapper, ni s'empêcher d'être la victime de ses charmes. Elle le reçut, non pas avec ces transports, & cette joye si vive & si pure qui produisent le dérangement dans les paroles & qui naissent de l'épanchement du cœur; mais elle l'acueillit en souveraine, & conserva toute la méfiance que l'on a d'un esclave qui s'est échappé; & dans la crainte de paroître s'humilier, elle fit non-seulement acheter bien cher un pardon, qu'elle n'étoit cependant pas fâchée d'accorder,

corder,

corder, mais ses procédés ne furent plus qu'un tissu continuel de hauteur & de fierté, tandis que Cardoné se soumettant à une destinée qu'aucune réflexion ne pouvoit déranger, aimoit & souffroit; mais comme une sorte de bienséance lui avoit fait observer de tous les tems des ménagemens, dans le nombre des visites qu'il rendoit à Liradi, & qu'il regrétoit le tems qu'il passoit sans la voir, il vivoit tristement sans elle & avec elle. Une pareille situation lui fit trouver une sorte de consolation dans la societé d'une de ses cousines; elle étoit infiniment aimable, son esprit juste étoit agréable sans fadeur, elle ne prévenoit pas par des saillies, mais elle charmoit par l'égalité. Son imagination n'étoit sensi-

ble qu'aux agrémens : être bien-née, compatissante & fort naturelle, c'étoit des perfections qui couronnoient un caractere peu commun ; telle étoit Linda cette aimable cousine. Cardoné, son ami dès l'enfance, alloit souvent la voir, & trouvoit toujours chez elle un azile contre les humeurs de Liradi ; il la voyoit avec toute sorte de liberté, mais c'étoit d'abord avec si peu d'attention, que Liradi n'avoit pû en être blessée ; il en étoit ainsi de toutes les femmes qu'il avoit rencontrées depuis sa malheureuse passion. Linda n'avoit point vû son cousin impunément, elle avoit eu pour lui des sentimens qu'elle n'avoit jamais attribués qu'aux suites de l'amitié la plus tendre, son goût la portoit naturellement à aimer

mer ſon eſprit, d'ailleurs elle le voyoit conſtant & malheureux; la pitié qui dans ce cas attendrit le cœur, devient bien-tôt un ſentiment plus vif; la réunion de tant de choſes agréables dans la perſonne de Linda, ce goût que l'on inſpire & qui rend ſi aimables à nos yeux ceux à qui nous plaiſons, ſans même en avoir le moindre ſoupçon, toutes ces choſes rendirent le commerce de Linda une conſolation néceſſaire pour Cardoné. Linda parvint avec des peines infinies à pouvoir arracher des aveus que ſon couſin ne lui faiſoit d'abord qu'avec des adouciſſemens de termes & de ménagemens ſans nombre. Il faut convenir que l'amour malheureux peut être indiſcret ſans reproche. L'amour propre

 offenſé

offensé par l'aveu que l'on fait, semble adoucir le mal de l'indiscrétion; mais sans recourir à cette excuse, de quoi la douceur & l'interêt ne viennent-ils pas à bout? Cardoné avoua tout à sa cousine, & cette indiscrétion, si on veut ainsi la nommer, ne servit qu'à lui rendre ses peines plus douces. Quelquefois en les éprouvant, il ressentoit une espece de consolation en pensant qu'il en pourroit faire le récit: Linda de son côté méritoit une confiance aussi entiere, & ne faisoit rien qui la pût diminuer; souvent même elle excusoit Liradi & diminuoit l'aigreur de ses procédés en les interprétant favorablement, ou leur donnant un tour dont Cardoné n'étoit pas toujours persuadé, mais qui pendant longtems

tems servit à le calmer. Quelque génereux que l'on puisse être, l'interêt personnel nous conduit, sans même nous en appercevoir: quelquefois Linda rejettoit les plaintes de Cardoné sur l'humeur de Liradi; tout juste qu'étoit ce procédé, dans la bonne foi, ce n'étoit pas trop l'excuser. Enfin Cardoné, graces à son aimable cousine, en vint au point de soutenir plus aisément ses malheurs; non seulement il avoit la consolation de se plaindre & celle d'être plaint, mais encore il passoit avec une personne aimable & qu'il aimoit, les heures qui n'étoient point occupées par sa furie. C'est un grand point pour parvenir à l'inconstance, que de perdre l'habitude d'aller dans la même maison, & de concevoir que

 l'on

l'on peut mettre autre chose à la place de ses visites. Cardoné s'apperçut à la fin du changement que la confidence de sa cousine causoit en lui, & de la consolation qu'elle lui procuroit. Liradi n'avoit pas daigné y faire la plus legere attention, il ne se le reprocha pas moins; sa bonne foi, sa franchise & sa probité égalant son amour, il avertit de tous les sentimens de son cœur dès l'instant qu'il lui fut possible de les démêler, celle qui naturellement y devoit prendre quelque interêt; il l'assura donc qu'il étoit moins sensible au retardement d'un rendez-vous, qu'il l'étoit beaucoup plus à une justice, qu'une dureté & qu'un trait d'aigreur lui causoient plus d'impatience que de chagrin. Mais Liradi ne fut point

point allarmée de ces aveus sinceres, & se persuada au contraire que son amant employoit un art qu'il croyoit nécessaire pour la captiver. Cette idée la révolta: eh! comment peut-on craindre d'être soumis à ce que l'on aime! C'est une erreur de l'amour. propre: c'est une preuve de la foiblesse de l'amour. Loin de considérer le danger auquel elle s'exposoit, loin de se servir utilement des événemens passés, il sembla dès ce moment que les défauts de Liradi lui fussent devenus plus précieux. Qu'en arrivoit-il? Linda faisoit des progrès sur le cœur de Cardoné; cet amant qui ne connoissoit que les duretés & les peines de l'amour jusques dans le sein des plaisirs, voyoit toujours avec un nouvel étonnement applaudit

dir à ce qu'il disoit de bien, & dont il ne se doutoit pas, & voyoit encore que l'on excusoit, mais sans aucune fadeur, ce qu'il avoit dit, & qui pouvoit quelquefois n'être pas absolument juste. Cette surprise agréable le conduisit bien-tôt au point de quitter Linda avec regret, & de se séparer avec joye de cette Liradi le chef-d'œuvre de la nature, pour revenir auprès de son aimable cousine trouver la douceur, la confiance & l'épanchement du cœur.

Liradi s'apperçut enfin de la diminution des sentimens de son amant; elle voulut employer tout ce que l'amour sçait si bien inspirer & persuader à l'esprit; la centiéme partie de tout ce qu'elle dit & de tout ce qu'elle fit auroit suffi quelques années auparavant, quelques mois même,

me, pour faire le bonheur de plusieurs jours. Tant de profusions n'étant plus à leur place, devinrent inutiles, & ne servirent qu'à donner des regrets par intervales à quelqu'un dont les yeux étoient désillés, & qu'à répandre l'aigreur dans le cœur de Liradi. Un mois de douceur & d'attentions qu'elle put avoir, & qui ne servirent à rien, furent cités par elle comme un abaissement & comme un avillissement dont elle ne pouvoit soutenir l'idée; elle supposa même dans ses dernieres conversations, car l'esprit est souvent employé à réparer les caprices du cœur; elle supposa, dis-je, que son caractere avoit toujours été le même; elle ajouta qu'elle n'avoit été plus complaisante & plus attentive dans ces derniers

tems

tems, que, pour donner une preuve à Cardoné de l'abus qu'il étoit capable de faire de cette même complaisance ; enfin l'aigreur naturelle reprit bien tôt le dessus ; il est vrai qu'alors elle étoit un peu plus fondée ; toute femme qui voit ses efforts inutiles sur le cœur de son amant, croit ses charmes humiliés ; & dès lors sa raison s'égare, & tout ce qu'elle fait, devient du moins pardonnable. Quoique Cardoné eût toujours rappellé les obligations essentielles & la reconnoissance des services que Liradi lui avoit rendus en Italie, tantôt ils lui furent reprochés, tantôt ils furent désavoués.

Une pareille situation ne pouvant plus se soutenir, Cardoné se vit obligé de demander une amitié

amitié que l'amour a toujours regardé comme une insulte. Liradi l'accepta ; mais les fureurs, les déchaînemens, les noirceurs même furent le sceau de celle qu'elle accorda.

Cardoné bien dégagé, vécut avec son aimable cousine qu'il épousa quelque tems après par reconnoissance, par amour même. La comparaison qu'il étoit obligé de faire sans cesse sur le caractere de Linda & sur celui de Liradi, fit naître cet amour, & contribua toute sa vie au bonheur que les charmes d'une société aussi douce qu'égale lui firent éprouver.

Ce fut après ce mariage que l'amour en fureur se fit sentir dans toute son étendue à la malheureuse Liradi ; les sentimens les plus vifs, les plus purs

purs & les plus tendres se renouvellerent, s'accrurent & se formerent dans son cœur : déchirée sans cesse par les regrets les plus vifs, elle s'avouoit à tous les momens coupable d'une perte toujours présente à son esprit ; elle sentit alors tout ce que Cardoné avoit mérité de sa part. Maîtresse absolue de sa personne, rien ne l'avoit empêché d'unir sa destinée à celle de son Amant ; son humeur seule l'en séparoit pour jamais. Aucune excuse ne se présentant à son esprit, rien ne l'empêcha de se détester elle-même, de s'accabler de reproches, & de se peindre le malheur dans lequel elle étoit réduite uniquement par sa faute. La jalousie se joignit à tant d'affreuses réflexions, & mit le

combl e

comble à ses malheurs. Ses beaux yeux ne parurent plus dès-lors avec cette fierté & ce brillant qui lui avoient attiré tant d'éloges ; ils furent sans cesse remplis de ces larmes ameres dont le témoin le plus indifférent a le cœur percé. Tout ce qui pouvoit avoir le rapport le plus foible à Cardoné, excitoit en elle un redoublement d'affliction ; une pâleur mortelle succéda bien-tôt à la vivacité de son teint & à l'éclat de ses couleurs, en un mot il sembloit que tout fût perdu pour elle. Quand on veut se consoler, on évite les lieux & tout ce qui peut nous rappeller le souvenir de ce que nous avons perdu ; mais quand on aime assez vivement ce que l'on regrette pour aimer sa douleur, tout ce qui

nous en conserve l'idée est aussi ce que nous avons de plus cher. Par cette seule raison le séjour de Barcelonne convenoit à Liradi plus que tout autre. Le Palais de ses parens dans lequel elle étoit retirée, se trouva donc pendant quelque tems d'accord avec la triste situation de son ame, puisqu'il lui rappelloit à tous les momens le souvenir d'un Amant qui lui avoit juré mille fois un amour qu'il ne ressentoit plus; mais elle s'y trouvoit obsédée par une compagnie importune; la douleur aime la solitude, & tout au plus le particulier d'un ami. Cette affluence de monde la pouvoit distraire d'une douleur qu'elle ne pouvoit ni ne vouloit bannir de son cœur. Pour remédier à cet inconvénient, & ne

ne pas quitter la Ville de Barcelonne où elle étoit continuellement balancée entre la crainte & l'espérance de rencontrer Cardoné, elle se détermina à faire un nouvel établissement, malgré l'horreur que le mariage inspire quand le cœur est rempli d'un autre amour; mais on croit faire de la peine à celui qui nous a quitté; on se flatte de pouvoir se distraire, on espere du moins le persuader; enfin l'humeur conduit, & l'on ajoute un nouveau malheur à tous ceux dont on est tourmenté. Telle fut la conduite de Liradi, qui se persuada que son mariage feroit peut-être une sorte de peine à son Amant. Sans faire aucune autre réflexion, emportée par son humeur, gouvernée par la ra-

ge, déterminée par le désespoir, aveuglée par la douleur, le premier qui se présenta, & qui lui parut le moins agréable, fut celui qui obtint la préférence. Ce fut Dom Alphonse de Palmeras, dont le caractere ne ressembloit au sien que par l'humeur & l'emportement. Bientôt une semblable union produisit ce qu'elle devoit naturellement produire. Les nouveaux époux firent leur malheur réciproque; les noires passions environnoient & remplissoient leur solitude; jamais la conduite ni les discours de l'un n'étoient au gré de l'autre. Dans cet état, le séjour de la ville leur étant devenu impossible à soutenir, ils se déterminerent à partir pour une Terre assez éloignée, persuadés que la campagne leur four-

fourniroit peut-être une tranquillité qu'ils sentoient leur être d'une grande nécessité. En un mot, le changement de lieu, la foible ressource des malheureux & des malades, étoit la seule qui leur restât. Ils partirent donc; & par un des évenemens sur lesquels le préjugé de la prédestination s'est établi, Cardoné & Linda sortirent aussi de la ville le même jour, conduits par des raisons & des motifs bien différens. Le tumulte de la ville, les devoirs, les visites troubloient leurs plaisirs : ils voulurent en aller redoubler les charmes, en s'y livrant sans aucune distraction : une Terre de Cardoné fut le lieu qu'ils choisirent; & le même hazard qui dirige les évenemens, conduisit presque au même

me moment Liradi & Palmeras dans une hôtellerie d'Urgel, où ils devoient passer la nuit. Quelle différence dans leur situation! Cardoné & Linda n'étoient occupés que d'eux-mêmes, & ne s'apperçurent point de l'arrivée des autres: mais à peine Liradi fut-elle dans l'hôtellerie, qu'elle démêla tout; les yeux de l'amour malheureux & de la jalousie sont bien perçans: son inquiétude ne lui permettant aucun repos, elle fit tout son possible pour être remarquée, au moins pour être apperçue de son infidéle, & pour troubler par sa présence le bonheur dont il jouissoit. L'état heureux qu'il ressentoit vivement, redoubla la rage de Liradi; elle eut tout le loisir d'en examiner les détails, car

l'amour légitime ni l'amour vrai n'ont pas besoin de se cacher. Les agitations & l'altération de Liradi ne pouvoient l'occuper aussi vivement sans être remarquées par son mari ; elles le furent aussi, & dès-lors la plus noire jalousie s'empara de son cœur : plus il examina, plus il se confirma dans les idées de tout ce qu'il avoit entendu dire de l'amour de Cardoné pour sa femme avant qu'il l'épousât. Cependant il se contraignit pour avoir les cruelles convictions après lesquelles le jaloux court sans cesse. Quelle soirée ! Quel soupé que celui d'un mari & d'une femme qui sont dans une pareille situation ! L'heure de se retirer vint enfin, & Liradi ne pouvant plus demeurer sans vengeance, voulut profiter de l'horreur de la nuit & du silence

silence pour satisfaire les emportemens de son ame. Elle avoit remarqué la situation des appartemens ; ils étoient peu éloignés, & se trouvoient placés dans le même corridor ; elle se leve, prend un poignard, s'avance jusqu'à la chambre de Cardoné : mais dans l'instant qu'elle ouvrit la porte, elle se sentit frappée elle-même ; elle fit un cri qui réveilla Cardoné ; il jouissoit dans les bras de l'amour d'un sommeil mérité ; la lumiere qui avoit servi à éclairer ses plaisirs, lui fit appercevoir une femme qui se débattoit à terre, & qu'un meurtrier vouloit encore frapper. Il avoit trop d'honneur & de courage pour ne pas voler au secours de cette infortunée, sans penser même qu'il étoit nud & sans armes. Quel fut son étonnement, quand

quand il reconnut Liradi! Palmeras qui voit en lui l'objet de sa jalousie, y voit aussi celui de sa fureur; il fond sur lui, & le perce à l'instant de plusieurs coups; il tombe en disant, adieu, ma chere & trop aimée Linda. Ces paroles que Liradi entendit encore, la firent expirer avec fureur, dans le moment que Linda accourue pour sauver les jours de son Amant, animée par l'amour & le désespoir, saisit le poignard que Liradi avoit laissé échapper; & passant en un moment de l'amour content aux plus grandes fureurs que l'ame puisse éprouver, elle vange la blessure de son Amant, & fait tomber Palmeras sans vie. Quand sa vengeance fut satisfaite, elle se jette sur le malheureux Cardoné, & ses tendres embrassemens ne

pouvant le rappeller à la vie, rien ne peut l'empêcher de se poignarder elle-même, & de finir une vie qu'elle ne pouvoit plus soutenir.

On a fort assûré que l'hôtesse frappée d'horreur & d'étonnement, s'étoit laissée tomber à la vûe d'une telle catastrophe, & que sa chûte lui avoit fracassé la tête; que le pied avoit glissé à son mari, de façon qu'il étoit tombé sur le poignard, & que tous les valets accourus au bruit d'un tel évenement, avoient perdu, l'un un bras, l'autre une jambe, & quelques-uns la vie. Mais j'ai regardé ces petites circonstances comme inutiles à rapporter, & comme un abus de la fin tragique de presque toutes les Nouvelles Espagnoles.

A DEUX DE JEU.

HISTOIRE ARRIVÉE.

L'Histoire n'est qu'un simple tableau pour les sots ; mais elle est une source féconde d'instructions pour les hommes qui refléchissent. De celle-ci (ne fût-elle qu'un conte) il y a une très-belle morale à recueillir. C'est là le seul motif qui nous engage à l'écrire.

Le Marquis de Girey avoit vingt-deux ans, lorsqu'il épousa une riche héritiere, qui en avoit quinze. Le mariage fut fait avec les précautions ordinaires, c'est-à-dire que les biens furent d'abord examinés avec grand soin ;

on disputa long-tems sur les avantages, & les premieres difficultés applanies, le reste alla de suite.

Le Marquis fut conduit par un vieux parent, qui avoit quelque intérêt caché à faire réussir ce mariage dans une Eglise convenue, pour voir de loin sa Demoiselle qu'on lui destinoit. Suivant l'usage, elle en avoit été secrétement avertie; aussi eut-elle le soin de se parer dès les cinq heures du matin; elle se tint à l'Eglise beaucoup plus droite qu'à l'ordinaire; elle parut fixer les yeux sur un livre de priéres, qu'elle avoit pris pour la forme, & qui resta toujours ouvert au même feuillet; elle regarda sans cesse de côté, fit de longues révérences à toutes les personnes de sa connoissance,

ſance, ſourit le plus ſouvent que la bienſéance pût le lui permettre de tous les petits mots à l'oreille que ſa bonne Gouvernante, qui ſe croioit fort adroite, lui diſoit, paſſa avec affectation devant le Marquis lorſqu'elle ſortit, le ſalua en rougiſſant, quoiqu'il fût arrangé qu'elle ne devoit pas le connoître, fut charmée de découvrir qu'on s'appercevoit qu'elle avoit une taille bien priſe, de beaux yeux, une bouche agréable, une démarche aiſée, & s'en retourna enfin chez elle, perſuadée que ſa figure avoit réuſſi.

Le Marquis de ſon côté, qui avoit trouvé aſſez à ſon gré la petite perſonne qu'on lui propoſoit, fit toutes les minauderies qu'il jugea les plus propres à faire ſentir qu'il étoit un joli

 homme;

homme : il lorgna d'un air de conquête, prit vingt fois du tabac, pour faire remarquer une belle main, & un bijou d'une forme charmante, ajusta à tout propos son énorme jabot pour se donner des graces, rit indécemment pour montrer des dents que *Capron* avoit eu bien de la peine à rendre passables, parla fort haut pour persuader qu'il avoit de l'esprit ; en un mot, dans le dessein qu'il avoit de paroître extrêmement aimable, il fit justement tout ce qu'il falloit pour démontrer qu'il n'étoit qu'un fat.

Moyennant ces précautions respectives, ils se convinrent très-fort l'un & l'autre ; le lundi les articles furent dressés, & après cette longue connoissance, ils furent liés le mardi

par des nœuds éternels,

Ces deux époux enchantés l'un de l'autre, ayant toujours quelques mots importans & secrets à se dire, oubliant tous deux le reste de la terre, passerent trois mois dans les emportemens d'une espéce de passion, que tout le monde prit pour de l'amour. Ils s'y tromperent eux-mêmes; ils se croyoient de bonne foi amoureux, ils se le disoient & le répétoient sans cesse. Ces désirs rapides qu'ils devoient à leur jeunesse, à des sens neufs, à l'éloignement où ils vivoient de tout ce qui auroit pû faire diversion, ils les confondirent faute d'expérience avec les impressions victorieuses que la simpathie fait sur les cœurs, que le rapport des caractéres entretient, dont le

 plus

plus tendre sentiment est le fruit, que le tems peut bien affoiblir, & qu'il n'efface jamais, qui cesse peut-être un jour d'être amour, mais qui devient toujours une vive & solide amitié, lorsqu'une longue suite d'années émousse la vivacité des désirs.

Le tems tarit bien vîte les sources de cette sorte de bonheur, dont les deux jeunes Epoux étoient enyvrés. Lorsque les seuls désirs font la félicité, il semble qu'on ne commence à devenir heureux que pour cesser bien-tôt de l'être; aussi les preuves mutuelles qu'ils se donnoient sans ménagement de leur prétendue tendresse, porterent-elles un coup funeste à leur union; les plaisirs userent à la hâte tous les fonds de leur ardeur.

ardeur, leur premiere vivacité s'affoiblit, l'yvresse disparut, la langueur succéda aux transports; la froideur & l'ennui précéderent de quelques jours l'éloignement décidé, & le dégoût enfin s'établit impérieusement & sans retour à la fin du quatriéme mois. Si dans les derniers jours il y eut pour eux quelques momens moins déplaisans, on peut les comparer aux derniers efforts d'une lumiere qui s'éteint & qui ne laisse après elle qu'une odeur désagréable.

Un appartement séparé, des sociétés différentes, un oubli mutuel, voilà les arrangemens commodes qui se firent d'eux-mêmes. M. de Girey se livra à tous les penchans, donna dans tous les travers, se chargea de

tous les ridicules qui convenoient à sa fortune, à son âge, à sa naissance; la Marquise se plongea dans la bonne compagnie, écouta avec plaisir toutes les fadeurs dont on l'accabla, s'abandonna sans reserve à la fureur de plaire (erreur vingt fois plus funeste à la réputation & au repos que la galanterie même); elle jouit de la gloire d'être l'objet de tous les projets de bonne fortune de la Cour, & le triste plastron de l'envie, de la haine, de la calomnie de toutes les femmes jolies ou laides qui avoient des prétentions.

Je passe rapidement sur leurs avantures; l'histoire d'une Coquette est l'histoire de toutes les Coquettes; & les incidens de

la vie d'un Petit-maître sont les mêmes que ceux qui sont arrivés & qui arriveront toujours à ceux qui courent cette brillante carriére.

Aussi vivent-ils (chacun dans son sexe) à peu près sur les mêmes fonds; leur conduite roule sur le même pivot, le méchanisme de l'un est le méchanisme de l'autre. Une grande légéreté, une étourderie continuelle, beaucoup de perfidie sans remords, une source inépuisable d'amour propre & de mépris réciproque, voilà les moyens généraux qui font mouvoir les deux machines. Le tableau d'une Coquette est toujours le digne pendant de celui d'un Petit-maître; l'un & l'autre rendent les traits (à quelques nuances près) de toutes les Co-

quettes & de tous les Petits-maîtres nés & à naître : il en est d'eux comme de la confession des honnêtes gens ; elle ne différe que par le plus ou le moins de fois. Je ne m'attache donc qu'à rapporter un incident particulier, qui vraisemblablement ne se rencontre pas dans la vie de tous ceux qui comme M. & Madame de Girey sont les héros du grand monde.

Le Marquis étoit à la campagne ; il y jouoit en société la Comédie avec cette supériorité inestimable, que les gens du bel air ont sur les meilleurs Comédiens ; il étoit le premier Acteur de cette Troupe choisie, qui mettoit en pieces réguliérement trois fois par semaine Moliere, Crebillon & Voltaire : & en effet, à la mémoire

moire près, qui faute d'exercice manquoit assez souvent au Marquis, à l'exception de quelques fausses liaisons, qui se glissoient furtivement dans sa prononciation, & d'un assez grand nombre de vers racourcis, ou ralongés, qui prenoient sans qu'il s'en apperçût, la place de ceux qui étoient dans la piéce, il faut convenir qu'il étoit un Acteur fort agréable.

Il avoit la figure théâtrale, les bras longs à la vérité, mais dans le fond passablement beaux, la voix sépulchrale, mais touchante; il manquoit de phisionomie, ses yeux ne parloient point, mais ce défaut léger étoit racheté par les agrémens d'une bouche toujours riante, même dans les

momens de la plus vive douleur : du reſte infatigable, voulant toujours jouer, ne reculant jamais, prêt ſans ceſſe à remettre des pieces nouvelles, connoiſſant le théatre, ſûr de ſes entrées & de celles des autres, ſentant la portée de tous les Acteurs, n'ignorant que la ſienne, étudiant la Piece entiere, ſoufflant avec adreſſe celui avec qui il étoit en Scene, ſçachant en un mot aſſez mal ſon rôle, & ſûr preſque toujours de ceux dont il n'avoit que faire. Avec toutes ces qualités on juge bien que le Marquis étoit regardé dans ſa Troupe comme un homme auſſi ſupérieur qu'utile.

On ſçait que la ſociété la plus douce qui a joué la Comédie ſeulement pendant

pendant quinze jours, prend pour l'ordinaire tous les travers, tous les ridicules d'une Troupe en regle : Le goût pour l'indépendance, l'esprit de contrariété, le désir de briller, l'amour des applaudissemens, la fureur des préférences s'emparent d'une maniere insensible de tous les esprits, & deviennent le ton dominant. On voit disparoître dès les premiers jours, la politesse, les égards, l'amitié & quelquefois même l'amour. Bien-tôt ce n'est plus qu'une anarchie, où le plus foible porte le joug du plus fort, où celui-ci est rapidement renversé par un parti nouveau, qui le craint & qui veut le détruire. Les femmes qui cherchent à s'emparer du gouvernement ordonnent en

que rien ne peut débrouiller ; hors leur destruction. Qu'un Tyran les subjugue ; c'est Cromwel qui fait cesser les troubles qui déchiroient le sein de l'Angleterre.

Le Marquis de Girey décidoit donc souverainement de tous les arrangemens intérieurs & extérieurs de sa troupe ; tous les Acteurs l'écoutoient avec une espece de soumission, & les Actrices avec complaisance : les uns & les autres s'en rapportoient à lui pour le choix des piéces, la distribution des rôles, & la maniere de les jouer. Madame de Girey elle-même, qui par un hazard fort extraordinaire se trouvoit dans le même lieu avec son mari, cedoit presque toujours à ses avis, comme si elle n'avoit pas été sa

femme,

femme : le moyen que les autres pussent résister à la force d'un pareil exemple ?

C'étoit à trois lieues de Paris chez une Dame d'un âge assez avancé, mais dont le caractere doux, les grands biens, un goût constant pour le plaisir avoient rendu la maison charmante, qu'étoit dressé le théâtre où brilloient les talens du Marquis. Toutes les commodités de la ville, & tous les agrémens de la campagne se trouvoient réunis chez Madame d'Autreron. Le parc étoit vaste, le jardin dessiné avec art, les bois charmans, la bonne chere, la grande compagnie & fort souvent la bonne, étoient des plaisirs qu'on trouvoit toujours chez elle. La Comédie en avoit encore conduit de nouveaux ;

elle avoit aussi servi de prétexte à des visites nombreuses ; mais comme une grande liberté étoit la premiere loi de cet aimable séjour, la quantité de monde n'y formoit jamais ce qu'on appelle cohue ; on étoit-là comme dans une ville bien habitée ; on ne voyoit que ceux qu'on avoit envie de voir ; cette multitude se divisoit d'elle-même en plusieurs societés particulieres, qui ne se nuisoient point entre elles, & qui se réunissoient toutes comme de concert pour concourir à l'amusement général.

Ainsi le Marquis & sa femme, quoique dans la même maison, n'avoient rien à souffrir l'un de l'autre ; ils se voioient encore moins que s'ils avoient été à Paris ; chacun avoit ses emplois & ses amusemens. Madame

me de Girey triomphoit des hommes, le Marquis regnoit fur les femmes; ils fe retrouvoient quelquefois à la vérité dans les jardins, comme on fe retrouve aux Thuilleries; il y avoit des occafions où le hazard les plaçoit à la même table; il falloit bien qu'ils fe rencontraffent fur le théâtre, mais le hazard, la néceffité ou le devoir ne les ramenoit jamais dans l'appartement l'un de l'autre. Rien dans cette maifon commode ne pouvoit leur rappeller leurs mutuels engagemens; à peine avoient-ils quelquefois l'occafion de s'appercevoir qu'ils fe haïffoient; s'ils n'avoient pas porté le même nom, perfonne dans cette nombreufe compagnie n'auroit pû les foupçonner d'avoir l'honneur de fe connoître.

 On

On avoit déja représenté plusieurs piéces avec un grand succès ; le sérieux & le plaisant, le haut & le bas comique avoient également réussi. Les Comédiens de qualité n'ont point de ces petits talens bornés à un seul genre. Ils embrassent tout, & ils y excellent. Le Marquis sentoit cet avantage, & il manquoit à la gloire de sa Troupe de s'exercer sur les ouvrages délicats dont un leger badinage fait le fonds. Mignatures du théâtre, développemens heureux du sentiment taillés pour une Actrice charmante, que la naïveté, le son de voix & la beauté rendent unique. Enfans enjoués de la nature à qui cette aimable Actrice semble prêter ses graces, qu'elle embellit, qu'elle seule peut rendre, dont

ses

ſes agrémens ont donné l'idée ; & qui ſont plus ou moins agréables ſelon le plus ou le moins de reſſemblance qu'ils ont avec elle.

Le Marquis propoſa de hazarder une de ces piéces ; on applaudit à ſon idée. *Zenëide* vint à l'eſprit du premier qui parla ; elle fût préférée, non qu'on la jugeât la meilleure de ce genre, mais elle étoit alors plus nouvelle. Ce choix fut plûtôt l'ouvrage de la mémoire que du goût.

Toutes les femmes voulurent jouer dans la piéce, & elles vouloient toutes le même rôle. Les conteſtations s'éleverent, la diſpute s'échauffoit, elle alloit même devenir ſérieuſe. Lorſqu'il eſt queſtion des graces, du don de plaire, de la

beauté,

beauté, il n'eſt point d'affaires ſans conſéquences entre les femmes les plus raiſonnables.

Le Marquis avoit ſes vûes pour ſe hâter de concilier les eſprits. Eh! pourquoi, Meſdames, dit-il (d'un ton perſuaſif) ces diſputes inutiles? Vous êtes toutes admirables, vos talens ſont connus, applaudis, admirés, vos graces les égalent; mais nous avons beſoin de vous dans le grand. Voulez-vous bien m'en croire? Mademoiſelle d'Argy n'eſt point occupée, c'eſt la plus jolie enfant du monde; elle ſemble être faite exprès pour ces petits rôles; elle eſt la nature, l'ingénuité même. Deſtinons-la à ce genre. Madame d'Autreron le permettra bien. J'avoue que j'ai fort bonne opinion de mon idée,

nous

nous ferons quelque chose de Mademoiselle d'Argy, j'en réponds ; elle n'a point encore joué la comédie, tant mieux, elle n'aura point de mauvais ton à perdre; elle sort du Couvent, & c'est encore un avantage, elle n'imitera point ; ses graces, son jeu seront à elle ; il ne s'agit que de la former. Je m'en charge, si l'on veut, & je m'engage de la mettre en état de jouer au plus tard dans huit jours. C'est que je vous dis qu'elle sera charmante ; j'en suis sûr. N'êtes-vous pas de mon avis..... Eh! qui jouera le rôle d'*Olinde* (dit Madame de Girey en l'interrompant?) Mais moi sans doute (repliqua le Marquis) Vous? fy donc (repliqua la Marquise) vous êtes d'une grandeur démesurée, vous n'y pensez

pensez pas, il faut le donner au jeune d'Argy Oui, sans doute (continua-t-elle, en s'appercevant que le Marquis se préparoit à l'interrompre) il est d'une fort aimable figure, Olinde ne doit avoir que seize ans, & c'est à-peu-près son âge; l'arrangement sera parfait. Je jourai apparemment *Gnidie?* tout cela ira à merveille, pourvû que Madame d'Autreron veuille bien se charger du rôle de la Fée.

Madame de Girey avoit à peine achevé de parler, que sans autre examen tout le monde fut de son avis. Le Marquis se laissa entraîner au torrent, il avoit d'ailleurs un intérêt caché à ne pas contredire. Qu'on juge de sa force, c'étoit à l'avis de sa femme qu'il se rendoit.

On ſe doute peut-être de ce qu'étoit le jeune d'Argy & ſa ſœur. L'une avoit été élevée en Couvent ; l'autre n'avoit quitté le Collége que depuis huit jours. Madame d'Autreron étoit leur tante. Ils avoient perdu leur mere preſque en naiſſant. M. d'Argy, un des plus honnêtes hommes du monde, qui l'adoroit & qui en étoit aimé, ne lui avoit ſurvêcu que de deux ans. Il ſemble que le ſort frappe par préférence ces tendres unions, de peur que la ſociété ne ſe gâte par ces ſortes d'exemples.

Madame d'Autreron, leur plus proche parente, s'étoit trouvée naturellement chargée de leur éducation. Un Couvent & le Collége l'en avoient ſoulagée. Mademoiſelle d'Argy avoit

quatorze ans, son frere en avoit un peu plus de quinze. L'amour n'étoit pas plus beau que lui; sa sœur avoit toutes les graces d'Hébé; traits charmans, taille parfaite, la fraicheur de la première jeunesse étoit presque pour elle un agrément superflu; on s'appercevoit déja que ses charmes seroient des appas pour chaque âge. Madame d'Autteron, qui étoit la bonté même, les avoit fait venir pour leur faire prendre part aux plaisirs de l'Automne; elle les aimoit, mais de cet amour qui n'est qu'une foiblesse; elle étoit flattée de les voir si aimables, elle les montroit pour s'en faire honneur, elle adoptoit, elle regardoit comme à elle l'ouvrage de la nature. Les voir chéris, applaudis, caressés, faisoit

soit toute sa joye. Louanges excessives, complaisances déplacées, riches habits, bijoux charmans, Madame d'Autreron leur prodiguoit tout pour les rendre heureux. Elle ne leur refusoit que cette attention charitable si nécessaire à un certain âge, cette clair-voyance raisonnée qui sçait prévoir les dangers & les prévenir, ces instructions prudentes qui tiennent lieu d'expérience, ces yeux enfin habiles & précautionnés qui peuvent seuls arracher la jeunesse aux piéges terribles dans lesquels elle est entraînée par les premiers feux des passions. Cependant malgré les soins de Madame d'Autreron, ils n'étoient rien moins qu'insupportables. La nature, ou le hazard sembloit jusqu'alors avoir dé-

tourné d'eux les effets que produit sur presque tous les enfans l'amour aveugle. Le Collége même & le Couvent n'avoient rien pris sur leurs heureuses dispositions ; ils en sortoient l'un & l'autre presque avec l'air du monde & avec toute leur innocence.

M. de Girey regardoit déja Mademoiselle d'Argy comme sa proye, ce genre de conquête manquoit à tous ses autres triomphes ; mais il la croyoit plus mal-aisée qu'une autre, & il s'arma de toutes les préeautions qu'il crut capables de faire réussir son projet.

Il étoit dans l'erreur. Une femme instruite, quelque violent que soit son penchant à la galanterie, marche moins rapidement vers sa défaite qu'une jeune

jeune personne innocente, à qui son cœur ne peut suggérer aucune défiance. Qu'un homme artificieux a de cruels avantages contre une ame simple, qui ne sçauroit craindre ou prévoir qu'on cherche à la séduire! Eh! quels progrès rapides ne doit pas faire un Petit-maître qui veut se rendre aimable, qui joint au jargon du monde les graces de son état, un air de sincérité au badinage, & sur-tout qui a la force de se contraindre jusqu'à être poli, sur l'ame d'une jeune personne qui n'a vû que le Couvent, qui n'a jamais entendu que des réprimandes, qui a toujours obéi? Louée sans cesse, touchée des respects qu'on lui rend, enyvrée de la persuasion où l'on paroît être de sa beauté, elle se croit

tout-à-coup transportée dans un monde nouveau. Le poison se glisse rapidement dans son ame, son imagination s'échauffe, son cœur s'agite, la vanité, l'artifice, la nature, tout s'arme contre elle, tout donne de la force aux coups qu'on lui porte, ce n'est que par une espéce de miracle qu'elle peut résister [illegible] Mademoiselle d'Aligny ne l'étoit pas; le Marquis s'étoit chargé de lui apprendre la façon dont elle devoit jouer son rôle, ainsi tout le monde voyoit sans surprise, ou plûtôt personne ne remarquoit qu'il passoit les heures entiéres avec elle, qu'il lui parloit, qu'il la suivoit sans

sans cesse, qu'il n'avoit des yeux, des attentions, des soins que pour elle.

Madame d'Autreron pénétrée de reconnoissance, ne pouvoit se lasser de le remercier, & Mademoiselle d'Argy qui avoit un cœur vraiment neuf, qui croyoit de bonne foi être fort obligée à M. de Girey, louoit à tout propos la patience avec laquelle il daignoit l'instruire; elle en étoit sincérement touchée, parce qu'elle en étoit enorgueillie. A son âge voir un homme du mérite, de la considération du Marquis ne pas la quitter, lui sacrifier tous les momens de la journée, borner toutes ses attentions à une petite fille comme elle, quel excès de complaisance! Comment se refuser cependant à la dou-

 ceur

ceur de penſer que des ſoins auſſi flatteurs n'étoient pas dûs tout-à-fait au bon cœur du Marquis ? Mademoiſelle d'Argy étoit ſans doute extrêmement reconnoiſſante ; mais elle ſe rapportoit, elle croyoit mériter une partie de ces attentions qui la flattoient ; & ce piége que lui tendoit l'amour propre, étoit mille fois plus dangereux encore, que le prétendu mérite de M. de Girey.

Le Marquis voyoit ſes progrès, il avoit raiſonné ſon projet, c'étoit pour la premiere fois de ſa vie qu'il avoit agi avec quelque défiance. Juſques-là, ſûr de lui-même, bien perſuadé du peu de cas qu'il devoit faire des femmes qu'il avoit attaquées ; il avoit vaincu ſans art, ſon triomphe lui avoit toujours

jours paru indispensable. Mais Mademoiselle d'Argy lui sembloit une conquête & plus importante & plus agréable ; il n'auroit pas plus craint quand il auroit été véritablement amoureux. Ainsi il se servoit contre elle, & de toutes ses graces & de toute son expérience. Sûr qu'elle ignoroit parfaitement tout ce qu'il avoit envie de lui apprendre, après avoir amusé son esprit par une gayeté toujours nouvelle, & captivé sa confiance par des égards, des attentions & des marques d'amitié particulieres, sans s'amuser à tous ces petits propos qu'on nomme la *fleurette*, il s'imagina qu'il étoit tems de frapper les grands coups, persuadé que les attraits du plaisir, l'orgueil & la curiosi-

té

té acheveroient son triomphe.

Il proposa donc à Mademoiselle d'Argy de se rendre un peu avant la fin du jour dans un cabinet de verdure, qui étoit dans l'endroit le plus écarté du bois, dont les jardins de cette maison commode étoient entourés. J'ai à vous expliquer, lui dit-il, mille choses qui vous seront aussi agréables qu'utiles. Vous ne vous défiez pas de moi apparemment? Vous [illegible]. Comptez que vous ne serez pas fâchée d'avoir eu pour moi cette complaisance: on est si fort gêné dans cette maison.

Oh pour cela, oui (répondit Mademoiselle d'Argy) on ne peut être tranquille un moment avec vous, tout le monde veut vous avoir, & j'en suis fâchée. Mais jouerai-je bien mon rôle?

rôle ? Comme un ange (repliqua le Marquis) je vous en réponds ; laissez-moi faire, & comptez sur moi.

L'heure donnée arriva. La journée avoit paru à Mademoiselle d'Argy d'une longueur insupportable. Elle ignoroit d'où naissoit son impatience, elle ne cherchoit pas même à [illegible] [illegible]. Sur le [illegible] qu'elle avoit à [illegible] [illegible] elle s'échappa, & courut bien vite à ce cabinet desiré.

Le Marquis étoit déja, & Mademoiselle d'Argy pouvoit se vanter qu'elle étoit la seule qu'il n'avoit pas fait attendre. Enfin (dit le Marquis en courant à elle, & l'embrassant

ſant avec tranſport) je puis vous voir en liberté..... Mais vous me ſerrez trop (dit Mademoiſelle d'Argy avec un ton de naïveté qui démontroit ſa parfaite ignorance) & en effet il la tenoit étroitement embraſſée. Ce premier moment de plaiſir avoit été ſi vif, il avoit ſi fort pénétré dans l'ame du Marquis, que toutes ſes forces ſembloient s'être rendues dans ſes bras; toute ſa perſonne étoit plongée dans une eſpece d'enchantement qui lui avoit ravi l'uſage de la voix; ſes yeux ſeuls erroient avidement ſur Mademoiſelle d'Argy, qui à ſon tour éprouvoit, ſans en concevoir la cauſe, des mouvemens inconnus, qui l'entraînoient loin d'elle-même : un feu ſingulier s'étoit gliſſé dans ſes veines, il y couroit

roit avec rapidité ; il se peignoit sur son visage, & il portoit dans ses yeux une vivacité charmante, qui ajoutoit encore de nouveaux plaisirs à la situation délicieuse du Marquis.

L'extase finit. Mademoiselle d'Argy se laissa aller sur un lit de gazon, & ses regards se fixerent sur M. de Girey qui s'étoit précipité à ses pieds. Elle rompit le silence la premiere. Je ne sçai où j'en suis, dit-elle avec ingénuité, pourquoi m'avez-vous si fort embrassée ? En vérité vous n'y pensez pas. N'en soyez point fâchée (répondit le Marquis) je vous aime trop pour vouloir vous déplaire, & vous êtes trop aimable pour qu'on doive en agir toujours avec vous comme avec un enfant. On ne connoît pas ici tout

ce

ce que vous valez (continua-t'il, en voyant que ce début la surprenoit.) Déja vous êtes dans un âge où il faut être comme les autres ; & en faveur de vos agrémens, de mille graces que vous avez au-dessus des autres, vous devriez être traitée comme une personne raisonnable, quand même vous auriez deux ans de moins : toujours un Couvent, toujours la petite d'Argy ! cela m'indigne. On joue avec vous, on vous amuse comme si vous n'étiez encore arrêtée que par des poupées, comme si tout le reste étoit au-dessus de votre portée. J'en suis outré. Vous avez de l'esprit, mais beaucoup ; votre figure est charmante, c'est qu'elle est adorable. On abuse de votre douceur, tout le monde vous subjugue,

jugue, & vos plus beaux jours se perdent dans une dépendance continuelle; on vous laisse languir dans un enfantillage humiliant dont je veux vous faire sortir..... Je me suis bien apperçuë de tout cela (dit vivement Mademoiselle d'Argy qui se rengorgeoit pendant tout ce discours) & j'en ai été assez fâchée; mais mon tems viendra... Il est tout venu (interrompit le Marquis) & ce sera votre faute si vous n'en profitez pas. Oh (reprit-elle) si j'étois ma maîtresse, je sçai bien ce que je ferois. Eh! que feriez-vous (dit-il) parlez, confiez-moi vos desseins. Mais premierement (répondit-elle) je serois mariée, ensuite j'irois dans le monde, j'aurois un beau carrosse, beaucoup de diamans, des habits magni-

magnifiques. Eh! ce n'eſt point cela (répliqua M. de Girey) on eſt toujours libre quand on veut l'être, & vous pouvez, ſi vous le voulez, me rendre le plus fortuné de tous les hommes, être heureuſe vous-même. Expliquez-moi donc comment (dit Mademoiſelle d'Argy avec vivacité.) En régnant toujours ſur mon ame (répondit tendrement le Marquis) en vous repoſant ſur ma bonne foi, en conſentant à goûter le bonheur le plus vif, le plus grand dont on puiſſe jouir ſur la terre.

M. de Girey pendant tout ce diſcours étoit demeuré aux pieds de Mademoiſelle d'Argy; il tenoit ſes genoux embraſſés avec toute l'ardeur d'un homme que le deſir enflamme, & que l'eſpoir anime; ſes mains ne quit-

quittoient cette situation que pour s'emparer de celles de Mademoiselle d'Argy; il y portoit mille baisers pleins de feu, ses regards ne respiroient que le plaisir; il étoit beau, tendre, caressant; il avoit gagné la confiance: Mademoiselle d'Argy étoit étonnée, attendrie, enchantée; elle croyoit être sur une espéce de trône. Les impressions vives, quoique confuses, que faisoient sur elle les discours, les attitudes & les caresses du Marquis, ne lui donnoient pas le tems de débrouiller ce qui se passoit dans son ame, les sens seuls triomphoient. Sans expérience, ignorant tout, desirant tout apprendre, les regards, les transports, les mouvemens du Marquis alloient se peindre dans son cœur, qui les

retraçoit bien vîte dans ses yeux & sur son visage. Un silence profond avoit succédé à la conversation, il précédoit de quelques momens les derniers points d'instruction que M. de Girey se proposoit de donner à son aimable écoliere. L'amour, les désirs alloient développer à Mademoiselle d'Argy les ressorts les plus secrets du bonheur; le Marquis sûr de son triomphe, marchoit à pas précipités vers la félicité, lorsqu'un bruit qui se fit entendre à la porte du cabinet le força de tourner la tête. Quelle fût sa surprise en appercevant Madame de Girey! D'une allée prochaine elle avoit oüi dans le cabinet une conversation qui lui avoit paru animée; elle sçavoit par elle-même quels étoient les mystères qu'on avoit

cou-

coutume de célébrer dans ce lieu écarté. Le désir de découvrir une avanture nouvelle l'avoit engagée de s'en approcher avec les plus grandes précautions. D'abord elle s'étoit contentée d'écouter ; mais comme les voix des acteurs étoient un peu changées par la situation, il lui fut impossible de les reconnoître. Sa curiosité redoubla par cette premiere difficulté, ce silence respectable qui succéda bientôt à la fin de la conversation, lui fit juger qu'elle pouvoit hazarder d'avancer sa tête jusqu'à la porte du cabinet, & c'étoit le mouvement qu'elle venoit de faire qui avoit réveillé M. de Girey.

Un homme n'est pas capable de peindre le sentiment bizarre qui naît toujours dans le

cœur de la femme la plus raisonnable, lorsqu'elle surprend un mari, quoiqu'indifférent, ou même haï, dans la situation où l'amour & l'imprudence avoient mis M. de Girey. La Marquise avoit pour lui une façon de penser parfaitement décidée; il étoit l'homme du monde à qui elle croyoit s'intéresser le moins. Ce fut pourtant de très-bonne foi qu'elle fit éclater les transports de la plus violente colere. Les reproches les plus amers sortoient de sa bouche avec une impétuosité qui acheva de foudroyer le Marquis, que son apparition subite avoit commencé à déconcerter.

Mademoiselle d'Argy étoit passée rapidement de la plus tendre yvresse à la frayeur la plus

plus vive; pâle, interdite, les yeux baissés, elle étoit restée immobile dans la même attitude où Madame de Girey l'avoit surprise, & la Marquise à son tour, les regards étincelans, contemploit ce tableau avec toutes les marques de la plus violente fureur. L'étonnement, le dépit, la colere avoient comme absorbé son ame; elle avoit gardé la même position que sa curiosité lui avoit fait prendre. Comme on n'arrivoit au cabinet que par une espece de détour, sa tête étoit passée dans la porte, tout le reste de son corps étoit de côté, & dans l'allée détournée qui y aboutissoit. Elle reprenoit haleine, les reproches, les injures étoient sur le point de sortir de sa bouche, lorsqu'elle

qu'elle se sentit étroitement embrassée, & tout de suite, avant même qu'elle eût le tems de se retourner ; on lui dit tout haut. Ah ! ma belle Marquise, me pardonnerez-vous de vous avoir fait si longtems attendre ? C'est cette vieille Baronne qui m'a retenu. Que je la hais !

Cette apostrophe imprévûe n'avoit pas laissé à Madame de Girey la force de l'interrompre. L'étourdi qui lui parloit prit sa surprise pour de la froideur. Ne me boudez donc point, je vous en conjure (continua-t-il impétueusement en se précipitant à ses genoux) je vous adore, vous le sçavez. Entrons dans ce cabinet, il a été le témoin de vos bontés & de mon bonheur, venez. Qu'il le soit encore de ma tendresse,

de mes transports, de ma reconnoissance.

Pendant ce tems, le Marquis s'étoit remis de son premier trouble; furieux à son tour, il avance, il voit sa femme éperdue dans les bras du jeune d'Argy. La terreur avoit changé de place, elle avoit abandonné le cabinet où elle venoit de regner, pour s'emparer de tout le cœur de Madame de Girey. Le Marquis agité, honteux, incertain; sa femme effrayée, confondue; le jeune d'Argy confus, sa sœur tremblante, formoient sans doute un tableau bizarre, que je voudrois avoir vû, que j'imagine, mais que je ne sçaurois peindre; il changea. Un éclat de rire, que le Marquis ne fut pas le maître de retenir, ranima

ranima tous ces perſonnages ; Madame de Girey y répondit par un éclat pareil, le jeune d'Argy ſe jetta dans les bras du Marquis, ſa ſœur ſourit, rougit, & courut à Madame de Girey, qui lui tendit la main de fort bonne grace, & qui lui fit des careſſes auſſi tendres que ſi elle l'avoit ſincérement aimée.

Nous voilà à deux de jeu ; dit M. de Girey, nous avons tous tort, ou pour parler mieux, nous n'en avons ni les uns ni les autres. Qu'il n'en ſoit plus parlé ; taiſons-nous tous les quatre, & ſoyons ſur-tout bons amis.

On juge bien que Madame de Girey ſouſcrivit à cet arrangement, & la convention fut réellement remplie de la part du

du Marquis & de sa femme. Depuis ce jour ils vêcurent comme s'ils n'avoient pas été mariés.

On ignore si M. de Girey choisit dans les suites des moyens plus sûrs pour voir Mademoiselle d'Argy ; mais on a sçu qu'elle avoit joué supérieurement le rôle de *Zeneïde*, & que depuis elle s'étoit fort bien mariée. Pour Madame de Girey ses affaires l'appellerent bien-tôt à Paris ; on remarqua que le jeune d'Argy l'y suivit, on en parla d'abord, on s'y accoutuma dans les suites, & lorsqu'ils se quitterent, ce fut de si bonne grace, que malgré le ton du siecle, ils n'eurent à se reprocher aucun mauvais procédé.

DIALOGUE.

HORACE, CATON le Censeur.

HORACE.

OH oui! je vous en assure, de mon tems vous auriez eu bien de l'emploi dans Rome.

CATON.

Vous ne m'étonnez pas. Elle étoit déja si corrompue quand je vins ici, que je ne doute pas un instant qu'après moi elle ne l'ait été bien davantage.

HORACE.

Cela étoit prodigieux, vous dis-

dis-je. Figurez-vous que l'on n'y connoissoit plus la tempérance, ni l'amour de la patrie, ni ce noble désintéressement qui avoit fait si long-tems le caractére des Romains : & pour la pudeur, Caton, il y avoit bien peu de gens qui crûssent qu'elle pouvoit être une vertu. C'étoit, je vous jure, une ville charmante.

CATON.

Charmante, dites-vous, avec tous les vices que vous convenez qui y régnoient! Dites, dites plûtôt qu'elle étoit devenue un séjour d'horreur.

HORACE.

Mais non : les vices y avoient pris une forme plus agréable que de votre tems ; mais il me sem-

ble qu'il ne seroit pas raisonnable de croire qu'ils y fussent augmentés. Les hommes sont les mêmes dans tous les âges ; la seule différence que l'on puisse faire de ceux de mon tems à ceux du vôtre, c'est que vos contemporains étoient plus grossiers, & les miens plus délicats ; que les vertus devenues plus féroces, avoient par conséquent plus d'éclat ; & que les vices des autres, plus ornés, paroissoient aussi davantage. Je crois enfin que les hommes de votre siécle étoient plus hypocrites, mais qu'ils n'étoient pas plus vertueux que ceux du mien.

CATON.

Voilà, ou je me trompe fort, un des plus mauvais raisonnemens que l'on puisse jamais faire,

re. Mais j'en suis peu surpris. Un Poëte n'est pas accoutumé à raisonner juste ; & d'ailleurs, il convient à un libertin tel que vous, de faire l'apologie d'un siécle aussi corrompu que l'étoit celui où vous viviez.

HORACE.

Ah, Caton ! Toujours de l'humeur ! moi ; libertin ! moi qui, dis-je, qui n'ai de mes jours enseigné que la Philosophie !

CATON.

La Philosophie ! Et de quel genre, s'il vous plaît ?

HORACE.

Vous me surprenez peu de le demander. La Philosophie que je professois étoit au-dessus de votre sagesse. C'étoit au sein de la

la nature que je l'avois puisée.

CATON.

J'ai beau me rappeller vos ouvrages, tout ce que j'y vois, c'est que vous avez chanté l'Amour & Bacchus ; & ce n'est pas entre ces deux Divinités que marche ordinairement la sagesse.

HORACE.

Je l'y ai trouvée pourtant : non cette sagesse orgueilleuse & féroce dont vous faisiez si fastueusement profession, plus propre à effaroucher les hommes qu'à les instruire ; mais cette sagesse douce & commode qui sçait prendre des plaisirs ce qu'ils ont de pur & de délicat, qui s'y livre sans s'y plonger, & qui ne tempére l'austérité

rité de la morale, que pour la rendre plus utile.

CATON.

Certes, il falloit pour masquer la sagesse comme vous faisiez, que vous craignissiez bien que ceux à qui vous aviez à la montrer, ne la reconnûssent.

HORACE.

Eh! croyez-vous l'avoir masquée moins que moi, vous qui toujours fâché contre toute la nature, n'aviez pour toute Philosophie que des principes durs, sans cesse étalés avec faste, & fort souvent mal-à-propos? Non, Caton, ce n'est pas ainsi que la sagesse se montre aux humains; simple dans ses leçons, elle les instruit sans violence, employe quelquefois le plaisir pour les ap-

 peller

pasler à elle, & ne croit pas que l'usage bien entendu de la volupté soit si contraire à ses maximes.

CATON.

Non, elle ne peut parler aux hommes avec trop de fermeté. Ce n'est que par des remédes durs que l'on parvient à détruire le vice. Montrer un front sévére, ne se relâcher sur rien, poursuivre, foudroyer les vicieux, voilà l'emploi de la sagesse. Il vous sied bien à vous qui n'avez sçû que boire & chanter, d'oser lui en assigner une.

HORACE.

Je conviendrai sans peine que vous avez effrayé plus que moi, mais je crois que j'ai instruit mieux que vous; il ne me sera

sera pas difficile de vous le prouver. Lorsque, par exemple, vous étiez convié à un festin, ceux qui l'étoient avec vous, intimidés par votre présence, composoient leur phisionomie & déguisoient leur cœur ; il n'y en avoit pas un qui, quelqu'éloigné qu'il fût de vos principes, ne parût s'y conformer, de peur d'essuyer ces réprimandes si peu ménagées, dont vous accabliez ceux à qui vous croyiez les devoir. (Et à qui, Caton, les épargniez-vous ?) Le vice (puisqu'enfin il ne vous plaît pas d'appeller le plaisir autrement) se cachoit devant vous avec tout le soin imaginable. Vous contiez tristement quelques vieilles anecdotes du tems des Tarquins, ou quelques dits remarquables & très-usés de

quelques

quelques Philoſophes, ornés de réflexions à peu près auſſi vieilles; des préceptes ſur l'agriculture, l'étalage du tems paſſé, la critique du préſent égayoient votre repas. Vous ennuyiez, mais pour vous paroître homme de bien, on parloit comme vous; & il n'y avoit point de convives que les plus rigoureuſes maximes du Portique effrayaſſent, & pas un pourtant qui, hors de votre préſence, ne fît les choſes qui leur ſont le plus oppoſées. Par Hercule! Caton, vous voyiez bien les hommes: la ſageſſe en avoit là corrigé beaucoup! Moi j'étois ſans conſéquence. La gayeté & l'amour du plaiſir annonçoient ſeuls Horace. Ma Philoſophie couronnée de myrrhe & de lierre, & ſoutenue par la volupté, ne montroit

troit à ceux qu'elle vouloit instruire, qu'un visage riant & badin; les amours folâtroient avec elle; quelquefois elle paroissoit se laisser endormir par Bacchus: mais moins elle affectoit d'orgueil & de sévérité, plus les passions se développoient devant elle, & c'étoit alors qu'elle leur ôtoit ce qu'elles pouvoient avoir de nuisible à la société, pour ne leur laisser que ce qu'elles y pouvoient apporter d'utile & d'agréable. Il est vrai qu'elle n'appelloit point, *pourceaux d'Epicure*, ceux qu'elle croyoit trop livrés aux plaisirs, & elle ne les corrigeoit que plus sûrement. Je ne faisois enfin de harangue contre personne, mais je mettois plus de morale dans une chanson; je sçavois en tirer plus d'une urne de vin de Falerne,

lerne, que vous n'en trouviez dans toutes les ſages leçons du Portique.

CATON.

Donc vous prétendez que l'on peut avec une Ode bacchique, amener les hommes à la connoiſſance d'eux-mêmes, leur inſpirer l'amour de l'ordre, & qu'enfin il faut ſaiſir pour leur parler ſur leurs plus importans devoirs, les inſtans où ils s'en écartent le plus? Certes, l'idée eſt rare, & très-digne d'un voluptueux tel que vous: & ſans doute ce ſiécle vertueux que vous célébrez, vous a érigé des ſtatues, non ſeulement comme au plus grave, mais encore comme au plus utile de tous les Philoſophes.

HORACE.

Non, mais on a plus fait pour

ma gloire; on a retenu & pratiqué mes préceptes.

CATON.

Il eût été extraordinaire qu'on ne vous eût pas fait un pareil honneur. Mais, à ce qu'il me semble, vous pourriez encore vous plaindre de l'ingratitude des hommes. Après avoir si lâchement flatté leurs passions, vous deviez prétendre à de plus grandes marques de leur reconnoissance que celles qu'ils vous en ont données.

HORACE.

Je ne leur en demandois pas davantage. Je voulois seulement qu'ils fussent heureux. Je leur enseignois tout ce qu'il faut pour l'être; & c'étoit assez pour moi de voir que ma présence ne servoit

servoit qu'à redoubler leurs plaisirs.

CATON.

Dignes éleves d'un si digne Maître! Rire, chanter, se livrer à tous les désordres dont les hommes sont capables, quand ils ont secoué le joug de la raison & des bienséances, & oser se croire Philosophes! Certes, on étoit, de votre tems, sage à bon marché.

HORACE.

Pas tant que vous l'imaginez. Il n'est pas bien ordinaire de trouver des Philosophes sans orgueil & sans humeur, & des voluptueux sans libertinage. Croyez-vous, par exemple, que nous ne méritassions pas plus d'estime de sortir libres & de sens-

ſens-froid, ou de la table la plus délicate, ou des bras de la femme la plus aimable, que vous n'en méririez, vous, qui faites de vous tant de cas, lorſqu'après avoir bien célébré la tempérance, vous vous retiriez yvre chez vous?

CATON.

Je l'avoue à ma honte, j'ai pouſſé trop loin le plaiſir brutal de boire. Mais dire que Caton a été capable d'un vice, n'eſt pas dire que ce vice en doive être plus toléré.

HORACE.

Aux Dieux ne plaiſe que je veuille ſi bien ſervir votre orgueil! Mais comme pour avoir raiſon, je n'ai pas non plus beſoin de l'humilier, je vous parlerai

rai comme si vous eussiez toujours été aussi tempérant que vous vouliez qu'on le fût. Ne demandons jamais aux hommes, mon cher Caton, plus de vertu qu'ils n'en peuvent avoir. Réglons leurs passions, ce projet est plus sûr & plus utile que celui de les détruire : ils ne croyent déja leurs devoirs que trop difficiles à remplir ; & les leur montrer si pénibles, c'est plus vouloir les dégoûter de la vertu, que les encourager à la suivre. Le faste des opinions n'a jamais fait la sagesse de la conduite. Les Dieux, plus sages que nous, n'auroient pas mis dans le cœur de l'homme le goût du plaisir, s'ils lui eussent défendu d'en prendre; ils le vouloient sans doute moins insensé qu'il n'est ; & moins sage aussi

que

que vous voudriez qu'il ne fût. La Philosophie n'a jamais plus de droit, que quand elle paroît avoir moins de prétentions; & c'est entendre mal, & ses intérêts, & ceux même de l'humanité, que de la montrer toujours avec un front si sévére.

CATON.

Adieu, je ne me crois plus dans l'Elisée, dès que je t'y trouve; & je ne conçois pas comment les Dieux ont pû m'y admettre, puisqu'ils ne t'en ont pas refusé l'entrée.

HORACE.

Oh! gronde tant que tu voudras. Je ne te quitte point que je ne t'aye rendu assez raisonnable, pour te faire avouer que je ne pouvois le paroître plus sans l'être moins.

LE POUR ET CONTRE.

PORTRAIT DE C. C.***.

En comptant ses défauts, dont le nombre l'étonne,
De lui même souvent Damon fait peu de cas :
Mais à se corriger Damon ne parvient pas.
Il se gronde trop fort, & trop tôt se pardonne.
On peut le peindre en laid, on peut le peindre en beau.
Employons, s'il se peut, un fidéle pinceau.
Par amour propre il est timide,
Et par timidité stupide.

L'exterieur

L'exterieur est froid, l'interieur
est vif;
Lent dans les petits soins, dans ses
devoirs actif;
Il est né très-sensible, & connoist
peu la haine;
Il s'offense aisément, & pardonne
sans peine.
Sujet aux passions, épris de la
vertu,
Damon dans ses désirs est toujours
combattu,
A l'amour du travail il unit la pa-
resse.
Par fois caustique, & jamais
médisant,
Sans complaisance, ou par
trop complaisant,
Opiniâtre né, docile par foiblesse,
Il voudroit être libre, & s'enchaî-
ne sans cesse.
Son cœur à l'amitié s'ouvre trop
aisément,

 Et

Et les soupçons enfans de la délicatesse,
Dans ce cœur trop sensible entrent facilement :
A cacher ses soupçons avec soin il s'applique,
Il boude fréquemment, rarement il s'explique;
Au sort des malheureux toujours il compâtit.
Il est quelquefois grand & souvent très-petit.
. . . Quant à l'esprit, je rêve, j'examine,
En dirai-je du mal? En dirai-je du bien?
Sait-il beaucoup? Tant soit peu plus que rien;
Assez facilement, dit-on, il imagine.
Passable en ses Ecrits, en personne ennuyeux,

Philosophe

Philosophe parfois, ne pouvant faire mieux
Il fuit le monde, & désire lui plaire.
Doux à l'extérieur, au fond assez malin,
Saisissant les défauts, à les citer enclin,
Se connoissant assez toutefois pour se taire.
Si vous trouvez Damon flatté dans ce Portrait,
N'en soyez point surpris, par lui-même il est fait.
Amis, fournissez-lui chacun un bon Mémoire,
De sa correction il vous devra la gloire.

SUR

SUR LA MANIERE DONT LES CHRETIENS TRAITENT L'AMOUR.

Reflexions Turques.

NOus convenons ſans difficulté que vous avez des gens ſpirituels & raiſonnables: mais vous devez convenir de même que vous ceſſez de l'être, dans la maniere dont vous traitez l'amour. Ecoutez-moi; & ſi vous le pouvez, détachez-vous pour un moment du préjugé de vos uſages & de vos loix, & vous verrez que du moment que vous ſentez de l'amour, vous êtes coupables.

L'amour eſt quelque choſe de plus qu'une vive approbation du mérite d'un objet ; il s'y joint un ſentiment que nous ne connoiſſons que par ſon effet, & cet effet nous porte à nous aprocher continuellement de plus près en plus près, de l'objet de qui nous tenons cette impreſſion.

Ou vous réſiſtez à ces deſirs, ou vous leur rendez ce tribut agréable, que la Providence les a mis en droit de vous demander, tant que le printems, l'été & l'autonne ne ſont pas de vaines ſaiſons chez vous. Si vous les rebutez, vous êtes coupables envers le plus précieux uſage de vos ſens, que vous ait diſpenſé la nature : uſage qu'il ne dépend pas de nous d'accepter toujours, ni de traiter pleinement

rement à notre gré ! Si vous les écoutez ces désirs, ou plûtôt les besoins attachés à notre méchanisme, vous ne pouvez le faire sans crime. Le seul désir (tout indépendant qu'il est de vous) vous est défendu par la plus grave de vos loix, & vous rend coupable ; mais que vous l'êtes bien davantage par l'injure que vous faites à la Providence, en regardant comme criminels des mouvemens qui portent également à l'agréable & à l'utile ; des affections qu'elle a placé au dedans de vous, comme le chef-d'œuvre de sa bienfaisance, & dont la privation nécessaire vous rendroit à vous même honteux & méprisable ! Agissez-vous auprès de de l'objet que vous aimez ? vous cherchez d'abord à lui plai-

re ; & nous apprenons de toutes nos régions, que les moyens que vous y employez sont presque toujours bas & équivoques; vous tâchez ensuite de lui persuader ce que votre préjugé vous contraint de condamner, & ce qui est condamné du sien, quelle scelleratesse ? Et que vous réussissiez ou non, des soins toujours trop éclatans tympanisent bien-tôt dans le public un objet à qui la reconnoissance devoit infiniment nous attacher. Enfin vous dégradez à la fois, l'homme, la nature, la femme & la vérité.

Vous lassez-vous d'être si coupable ? Vous vous mariez ; & comment cela ? avec une seule femme, & pour toujours; femme qui ne pouvant faire le Protée à tous les changemens qui

naitroit dans votre goût n'est que le frivole objet de l'espérance mal fondée qu'elle remplira tous vos desirs. Par-là, vous débutez certainement par être coupable envers vous, & ce n'est que pour un tems assez court que vous cessez de l'être envers les autres : c'est ce que vous allez voir.

Cette femme est aimée ou ne l'est pas de vous. Si vous ne l'aimez pas, vous êtes coupable de l'avoir choisie aux dépens de l'affection tendre & unique que vous lui devez. L'aimez-vous ? Votre amour vous trompe l'un & l'autre par l'idée vaine où vous êtes, & où elle est que nulle impression étrangere n'éfacera celle qu'elle vous fait; & pour rendre votre état plus odieux, vous vous assujettissez encore

encore à des sermens que nécessairement doit suivre le parjure ? Si vous croyez de bonne foi que vous aimerez toujours uniquement cette femme, & que nulle autre ne partagera avec elle les actes amoureux de votre cœur, c'est que votre cœur est un sot, accoutumé à se laisser tromper, & à recevoir à la place de ce qu'il demande, ce que vos préjugés veulent lui donner. Enfin où vous mene donc cette unité de mariage prise dans son plus beau jour ? A des plaisirs de peu de durée, suivis nécessairement de nouvelles impressions, & de nouveaux désirs, que le défaut de varieté dans les graces & dans les façons d'une seule femme, vous forcent de recevoir. Surmontez-vous les
 désirs?

désirs ? Le scrupule & la Religion vous font rendre à cétte femme enlaidie, des devoirs que vos sens plus éclairés que vous s'efforcent à lui refuser. C'est en vain que vous tâchez de vous le déguiser, votre idée ne peut embrasser avec succès un objet éloigné qui vous charme, quand vos bras embarassent vos désirs sous le joug d'une femme qui ne vous plaît plus, à moins que votre cœur dégradé ne soit atteint de cette vile brutalité qui ne distingue rien, cette tendre satisfaction qui ne suit que le goût ne sçauroit être de la partie ; & si vous suivez ces désirs nouveaux, vous allez contre vos principes & contre votre foi, vous devenez coupable, & vous ne pouvez ensuite opérer en faveur de vos

désirs,

désirs que par des soins qui sont coupables encore.

Non, vous ne connoissez ni le méchanisme de votre cœur, ni le point qui doit borner l'usage des biens que nous dispense la nature ; & vous ne devez pas lui sçavoir mauvais gré des prérogatives palpables que sur cet article nos usages nous ont donné sur vous ; l'amour composé de désirs & de jouissance, n'a, chez vous que des désirs coupables envers vos loix, & une jouissance coupable envers vous même.

IL NE FAUT JAMAIS COMPTER SUR RIEN.

Avanture très-véritable arrivée dans la Province de Picardie.

PAris & la Cour ne fournissent pas toujours les meilleurs histoires. Les personnages en sont trop connus, & leurs ridicules vous excedent avant de produire un évenement qui vous amuse. Je prends le parti de raconter une avanture de Province ; j'y passe six mois l'année, les sots m'y divertissent quelquefois, & me

me font trouver un petit air de nouveauté aux fats que je revois à mon retour.

J'étois en Picardie dans un de ces Châteaux antiques, où les maris croyent leurs femmes en sûreté, parce que le soir on leve le pont-levis, & où les meres répondent de leurs filles, parce qu'elles couchent souvent sous le même rideau.

Pour se prêter à mon histoire, il faut que les Habitans du quartier de Richelieu & du Faubourg sçachent que dans les campagnes éloignées il y a peu de chambres qui n'ayent plusieurs lits, & qui ressemblent plutôt à une maison qu'à un appartement.

La Maîtresse du lieu où j'étois avoit beaucoup d'usage du

monde ; elle passoit tous ses hyvers à Abbeville, faisoit pendant l'automne quelques petits voyages à la ville d'Eu, & s'étoit même trouvée à Sainte Menehoult au passage du Roi. Vous jugez bien que M. d'Ormeville son mari avoit une très-grande consideration pour elle ; c'étoit un homme instruit, qui recevoit exactement les Nouvelles à la main, & le Journal de Verdun. Mais les Sçavans ont souvent peu de génie, il étoit dans le cas. Et de son propre fonds c'étoit un être à figure humaine, qui n'avoit reçu la faculté d'articuler que pour fournir la preuve qu'il n'avoit pas celle de penser.

Mademoiselle d'Ormeville leur fille..... Ah, Mademoiselle

selle d'Ormeville étoit charmante ! J'en devins amoureux, c'est-à-dire, je voulus l'avoir ; je prive mon Lecteur de la finesse de ma déclaration, de la solidité de la réponse, de mes instances & de la résistance. J'ai beaucoup d'esprit, je sçais dire de jolies choses, je ne sçais point raisonner ; ainsi je la persuadai.

Les conventions étoient faites, on vouloit bien me rendre heureux ; il s'agissoit de le pouvoir, c'étoit le point critique. Mademoiselle d'Ormeville couchoit dans la même chambre que sa mere ; M. d'Ormeville, quoiqu'il eût été Chevaux-Leger, & par conséquent homme de Cour, passoit toutes les nuits avec Madame.

Malgré

Malgré tant de difficultés, il fut conclu que je tâcherois de m'introduire la nuit à côté de la fille, & que je goûterois mon bonheur, en observant un silence aussi exact que celui qu'on devroit garder lorsqu'il est passé. On soupe, on se retire, minuit sonne, tout étoit calme dans la maison ; j'ouvre bien doucement la porte de ma chambre, on ne voyoit ni ciel ni terre, j'avance deux pas, je m'arrête, je regarde comme si je pouvois voir. Je marche à tâton, je crois toujours que l'on m'observe, je gagne l'escalier, je me crois perdu, parce que les dégrés qui étoient de bois craquoient sous mes pieds, à la fin je me trouve descendu ; j'arrive à la porte, je cole mon oreille contre

contre sa serrure, je triomphe, j'entends M. & Madame d'Ormeville qui ronflent en duo; je passe légerement la main sur cette porte, & je sens qu'aussitôt elle s'entrebaille par gradations, jusqu'à ce qu'il y ait assez de place pour me couler dans la chambre. C'étoit l'adorable d'Ormeville qui m'attendoit; je la saisis par sa robe de nuit, j'ai toujours crû que c'étoit sa chemise. Nous faisons les cinq ou six premiers pas avec tout le succès possible, nous touchions au but quand je rencontre une maudite chaise qui me fait tomber à la renverse. M. & Madame d'Ormeville se réveillent & crient, qui va là, qui va là, avec toute la force des gens qui ont bien peur. La fille qui avoit

tout

tout l'esprit imaginable s'avise aussi-tôt de contrefaire le chat. Ah ! c'est un maudit chat qui est ici, dit le pere, & qui fait tout ce vacarme, je vais le chasser. Non, non mon pere, dit la fille, je vais le faire sortir. Pendant cette conversation elle m'avoit amené jusqu'à son lit, dans lequel je m'étois glissé ; elle fit quelques tours de chambre, en contrefaisant toujours le chat ; le pere & la mere ne cessoient de crier, tirez vilain chat, à chat, à chat. Mademoiselle d'Ormeville dit, ah, le voilà dehors, & vient aussi-tôt me rejoindre. Pendant tout ce tems je pâmais de rire, & je mordois ma couverture de peur qu'on ne m'entendît, j'aurois certainement éclaté si l'idée du plaisir dont je me

voyois

voyois près ne m'en eût empêché. Il fallut attendre cependant que M. & Madame d'Ormeville fussent rendormis. Mademoiselle d'Ormeville étoit à côté de moi, & par conséquent à portée de juger, sans que je parlasse, avec quelle impatience j'attendois le sommeil de ses parens. Nous crûmes nos vœux remplis, parce que depuis quelques momens nous n'entendions plus M. d'Ormeville disserter sur l'incommodité des souris, qui rendent nécessaire l'inconvenient des chats. J'allois être heureux, quand tout à coup nous sentons la chambre fortement ébranlée par plusieurs secousses qui paroissoient venir de dessous terre. Voilà nos bonnes gens réveillés plus que jamais ; M. d'Ormeville assure

assure que c'est un tremblement de terre, Madame d'Ormeville saisie d'effroi s'écrie: ma fille, ma fille, c'est un tremblement de terre, nous allons périr. Sentez-vous le remuement qui se fait? oui, ma mere. Ah! ma chere fille, disons l'oraison du Pere Guilmenet sur le tonnerre. Monsieur d'Ormeville se leve, sort, appelle les domestiques, demande de la lumiere: moi je saisis ce moment, je m'esquive; j'écoute sur l'escalier, & j'entends un valet qui rapportoit une chandelle de la cuisine, & qui disoit que ce tremblement de terre n'étoit autre chose que trois chiens qu'on avoit enfermés sans y prendre garde, & qui s'élançoient après un quartier de mouton pendu à

à un crochet qui tenoit au plancher, & qui répondoit à la chambre ; je pris le parti de me coucher ; je me fis raconter l'avanture le lendemain comme si je l'avois ignorée. Mais Mademoiselle d'Orme-ville n'eut pas la force de prendre sur elle de m'introduire une autre nuit ; ainsi je partis sans avoir reçu une seule des faveurs dont j'avois lieu de croire que j'allois être comblé, & M. & Madame d'Ormeville ne mangerent point leur mouton, ce qui fait voir qu'il ne faut jamais compter sur rien.

NOU-

NOUVELLE ESPAGNOLLE.

Le mauvais exemple produit autant de vertus que de vices.

ALphonſe le jeune, convaincu par le déſordre général qui régnoit dans le Royaume de Caſtille à la mort d'Alphonſe le Cruel, que l'extrême ſévérité n'eſt pas le meilleur ſoutien des loix, ſe propoſa en montant ſur le trône de calmer les eſprits, de raſſurer les cœurs, & de faire autant d'heureux que ſon prédéceſſeur avoit fait de miſerables.

Né comme tous les hommes avec

avec ce penchant à la domination, que l'on nomme tyrannie quand les Rois en abusent, Alphonse auroit peut-être été injuste & sanguinaire, s'il eût succédé à un bon Roi : son goût pour la société étoit contrarié par son penchant à la défiance; l'un & l'autre soutenus par l'autorité, précipitoient également son indignation & sa bienveillance ; violent, absolu, inhumain, il tempéroit ces défauts de la Royauté par un heureux naturel, aidé de cet amour propre éclairé, qui fait trouver une volupté plus délicate dans les victoires que l'on remporte sur ses passions, que dans le plaisir de les satisfaire.

Il fallut plusieurs années pour rétablir la confiance & ramener à la Cour ces fiers Castil-

ſans que les proſcriptions, ou l'eſprit d'indépendance en avoient éloignés.

Dom Pédre de Médina y parut un des derniers; ſon pere avoit perdu la tête ſur un échaffaut, par les ordres d'Alphonſe le Cruel : reſté dans un âge fort tendre ſous la conduite d'une mere vertueuſe, il avoit partagé ſes malheurs & ſa tendreſſe avec une ſœur aimable, dont le caractére, vrai, noble & généreux ne ſe développoit que ſous les dehors de la naïveté, de la douceur & de la confiance.

Les contraſtes forment plus de liaiſons intimes que les rapports d'humeur; nous cherchons dans les autres les vertus & les bonnes qualités qui ne diſputent rien aux nôtres; l'in-

dulgence

dulgence pour les défauts que l'on n'a pas, donne une apparence de supériorité, qui dédommage de ce qu'ils font souffrir.

La fierté du caractére de Dom Pédre inspiroit à sa sœur cette fermeté d'ame, aussi négligée dans l'éducation des femmes, que néçessaire à leur conduite : la raison d'Elvire soutenue du charme de la persuasion, tempéroit l'humeur altiére de son frere; si elle trouvoit en lui ce qui pouvoit satisfaire son goût pour les belles connoissances (que les femmes acquérent rarement & toujours trop tard,) Dom Pédre trouvoit dans la confiance naïve de sa sœur, les délices d'une société aussi pure qu'intéressante : ainsi nécessaires l'un à l'autre, les liens du

 sang

sang n'entroient presque pour rien dans leur attachement réciproque, peut-être n'en étoit-il que plus solide.

Elvire avoit dix-huit ans, & son frere vingt-cinq, lorsque leur mere mourut, & qu'Alphonse les rappella à la Cour, en rétablissant Dom Pédre dans les charges que son pere avoit possédées ; il quitta moins sa solitude qu'il n'en fut arraché par l'intérêt de son aimable sœur : son caractére indépendant lui auroit fait préférer l'espéce d'empire qu'il s'étoit formé dans sa retraite, aux honneurs partagés avec ses égaux ; mais trop juste pour condamner Elvire à une obscure médiocrité, il ne balança pas à obéir aux ordres du Roi.

Ils furent reçus à la Cour, comme

comme on y reçoit toutes les nouveautés. Quoiqu'il y eût de très-belles femmes, la régularité de leurs traits fut bientôt effacée par la modestie, la noblesse & les graces de la phisionomie d'Elvire; elle avoit ce qu'on appelle une figure intéressante : la curiosité, l'admiration & le désir de lui plaire se confondirent presque en même tems dans le cœur des hommes; la crainte, la jalousie & le dépit dans celui des femmes : tous ne parloient que d'Elvire.

Le Roi ne connoissoit de l'amour que les goûts passagers; aussi se trompa-t-il long-tems sur celui qu'il commençoit à sentir pour Elvire: en honorant le frere de sa faveur, en le comblant de ses graces, il croioit donner

donner à la générosité ce qu'il n'accordoit qu'à sa passion naissante pour la sœur. Dom Pédre s'attribuoit de bonne foi la faveur de son Maître, comment s'en seroit-il défié? Le bandeau de la présomption est bien plus épais que celui de l'amour.

A l'égard d'Elvire, il n'étoit pas surprenant qu'elle fût encore moins pénétrante, une jeune personne à son entrée dans le monde, est trop occupée à concilier les idées qu'elle en reçoit avec celles qu'elle s'en étoit formées, pour voir au-delà des apparences.

Elvire raisonnoit, mais son cœur n'avoit pas encore été éclairé par ce sentiment infaillible, indéfinissable, supérieur à la raison, que l'on devroit peut-être nommer instinct : il falloit

une occasion pour le développer, elle se présenta bien-tôt.

Le Royaume commençoit à devenir assez tranquille pour que le Roy pût donner quelque tems aux plaisirs; il les crut même nécessaires à sa politique; il falloit occuper, ou distraire des Courtisans oisifs: c'étoit donc par raison d'Etat qu'il donnoit des fêtes; mais Elvire ne paroissoit à la Cour que ces jours-là, & il en donnoit souvent.

Sur la fin de l'automne il y eut une Chasse, où le Roi invita toutes les Dames; Elvire qui n'aimoit pas les plaisirs bruiants, laissa passer tout ce qui s'empressoit à suivre le Prince, afin de pouvoir s'écarter librement. Quand elle crut n'être plus remarquée, elle proposa

posa à Isabelle de Mendoce de venir se reposer avec elle. Après avoir donné ordre à leurs gens de les attendre, elles s'enfoncerent dans le bois, & s'assirent au pied d'un arbre, dont le feuillage épais formoit une espéce de berceau.

Tandis qu'Elvire livroit son ame aux charmes de la nature, & qu'elle goûtoit délicieusement la fraicheur de l'air, la douceur du silence, la tendre obscurité qui régnoit dans la forêt, Isabelle étoit toute entiére à racommoder une plume de son chapeau : leurs occupations les caractérisoient.

Ce n'est pas qu'Isabelle n'eût tout ce qu'il falloit pour être mieux ; mais son esprit, ébloui par le feu de son imagination, déplaçoit ses bonnes qualités &

même ses défauts : Coquette de bonne foi, sa franchise étoit plus dangereuse que l'art le plus adroit ; pour servir ses amis elle sacrifioit tout, jusqu'à leur secret : officieuse, aussi empressée qu'imprudente, elle nuisoit avec les meilleures intentions : sa bonté lui donnoit des amis, sa sincérité lui donnoit des Amans ; elle étoit par tout, on l'aimoit par tout.

Elvire la voyoit souvent, autant par amitié que pour flatter la passion que son frere avoit pour elle.

Le plaisir de s'entretenir avec elle-même auroit fait garder long-tems le silence à Elvire ; mais Isabelle, qui ne pensoit qu'en parlant, le rompit bientôt. Vous rêvez, dit-elle à Elvire, (en tirant de sa poche une

 boëte

boëte à mouches, pour voir s'il n'y avoit plus rien de dérangé à sa parure.) Eh ! qui n'admireroit de si belles choses, répondit Elvire ? Quoi donc, que voyez-vous, reprit vivement Isabelle ? Ces arbres, dit Elvire, ce gazon, cette verdure, ce calme délicieux qui ravit les sens... Quoi ! interrompit Isabelle en éclatant de rire, ce sont-là les objets de votre profonde méditation ? Est-il quelque chose de plus admirable, répondit Elvire, que les ouvrages de la nature ? Ah ! beaucoup, répondit Isabelle, je ne vois rien de si ennuyeux que son éternelle répétition, on vivroit des siécles sans espérance de voir du nouveau, ce sont toujours les mêmes objets travaillés sur le même dessein. Les animaux

animaux ne diffèrent de nous que par quelques nuances extérieures. On dit même qu'il n'y a pas jusqu'aux plantes qui n'ayent des ressemblances avec les êtres vivans. Si vous admirez tout cela, pour moi, je n'y vois rien que de fort mal adroit. Cet ordre des saisons que l'on trouve merveilleux, ne me présente qu'une succession de mille incommodités différentes. Le printems me paroîtroit assez agréable, s'il étoit mieux entendu, mais toujours des feuilles, toujours du verd, toujours du gazon, cela est insupportable. Je conviens cependant qu'il y a dans tout cela de quoi faire de jolies choses; avec du goût, sans presque rien changer, je voudrois rendre la nature aussi belle que l'art.

Par exemple, je laisserois à peu près la figure des arbres, telle qu'elle est, mais tous auroient leurs feuilles en camayeux de différentes couleurs: l'un couleur de rose, l'autre bleu, un autre jaune; si les nuances me manquoient, j'en imaginerois tant de nouvelles qu'aucun ne se ressembleroit: au lieu de cette écorce rude inutile, désagréable, celle de mes arbres seroit de glace de miroirs; avec cinq ou six jolies femmes & autant d'hommes, une forêt seroit aussi animée qu'une salle de bal; plus ingénieuse que la nature, je rendrois mes bois aussi amusans la nuit que le jour, en garnissant toutes les branches de mes jolis camayeux de ces insectes luisans qui feroient là un effet admirable...

Je

Je voudrois aussi qu'il fût très-vrai qu'on ne marchât que sur des fleurs ; je les ferois toutes aussi basses que le gazon, & de couleur encore plus variées que mes arbres ; enfin que n'imaginerois-je pas pour donner des graces à cette insipide uniformité de la nature ?

Isabelle auroit sans doute poussé beaucoup plus loin la réforme de l'univers ; mais elle fut interrompue par un cri que fit Elvire, en se levant avec précipitation ; Isabelle en fit autant, sans sçavoir ce qui causoit la frayeur de sa compagne. Elles songeoient à fuir, quand un jeune homme couvert de sang, vint tomber presque à leurs pieds.

La compassion succéda à la frayeur ; demeurons, dit Elvi-

re, ce malheureux périroit peut-être faute de secours. Toutes deux s'en approcherent & le trouverent sans connoissance: Je crois qu'il n'est qu'évanoui, dit Isabelle, je vais le faire revenir: Tout de suite elle tira de sa poche un flacon rempli d'un élixir violent, qu'elle lui répandit sur le visage; en effet, comme c'étoit principalement à la tête que le jeune homme étoit blessé, la douleur excessive que cette eau lui causa rappella bientôt ses sens.

Elvire fut le premier objet qui se présenta à sa vûe, ses yeux s'y arrêterent, ils sembloient se ranimer, mais le sang qu'il perdoit en abondance, le fit bientôt retomber dans son premier état; ses regards expressifs, tendres, languissans, porte-

porterent un sentiment plus vif que la pitié dans le cœur d'Elvire: elle s'assit à côté de lui, & d'une main soutenant sa tête, de l'autre elle essayoit d'arrêter son sang avec un mouchoir, dont elle pressoit ses blessures; allez, dit-elle, ma chere Isabelle, allez appeller nos gens; ils donneront à ce malheureux des secours plus efficaces que les nôtres; sans doute il mérite tous nos soins.

Au moment qu'Isabelle s'éloignoit, le Roi qui cherchoit Elvire arriva suivi de toute sa Cour; elle rougit en le voyant, posa doucement à terre la tête de l'Inconnu, se leva, & courant à ce Prince : Ah ! Sire, s'écria-t-elle, ordonnez que l'on secoure ce jeune homme, il est dangereusement blessé : le con-

noissez-vous, Madame, demanda le Roi avec un air aussi froid que celui d'Elvire étoit empressé? Non, Sire, répondit-elle en baissant les yeux; mais pour être secourable, il ne faut connoître que le malheur. Vous avez raison, Madame, dit le Roi avec un peu d'embarras, vous serez obéie. En même tems il ordonna à ses Chirurgiens de visiter les blessures de l'inconnu.

Elvire profita de ce moment pour tirer Dom Pédre à l'écart: Mon frere, lui dit-elle, écoutez-moi avec bonté; il semble que le destin de ce malheureux l'ait conduit à mes pieds; je ne puis me résoudre à l'abandonner, les ordres du Roi seront surement mal exécutés; faites-le conduire chez vous, je vous en con-

conjure; pour connoître qu'il ne mérite pas son sort, il n'y a qu'à le regarder. Je partage votre pitié, ma sœur, répondit Dom Pédre, je vais demander au Roi la permission..... mais il faut la demander vivement, interrompit-elle, afin qu'il ne puisse vous la refuser. Vous serez contente, reprit Dom Pédre en la quittant, pour se rapprocher du blessé, que le Roi regardoit panser avec attention.

Si l'empressement d'Elvire avoit paru déplaire au Roi, il n'avoit pû voir l'Inconnu de plus près sans s'intéresser à son malheur. L'instinct toujours vrai, ne produit de mauvais effets que dans les ames médiocres; d'ailleurs la mine, la taille, un air noble, qui perçoit à travers le désordre du blessé, ne

ne laissoient pas douter qu'il ne fût d'une naissance au-dessus du commun. Le Roi auroit bien voulu en sçavoir davantage; mais à toutes les questions qu'on lui faisoit, il ne répondoit que par des signes de respect & de reconnoissance.

Dès que le premier appareil fut posé, Dom Pédre obtint du Roi, non sans quelque difficulté, la permission de le faire transporter chez lui ; la chasse étoit finie ; on ne s'entretint pendant le retour que de l'avanture du blessé ; à la Cour plus qu'ailleurs, on épuse les conjectures ; Elvire rêveuse, sans se mêler de la conversation, n'en faisoit peut-être pas moins, mais elle ne les communiquoit à personne.

Son premier soin en arrivant chez

chez elle fut de donner des ordres exprès & cent fois répétés, pour que l'Inconnu fût servi avec toute l'attention que demandoit son état; Elvire pour la premiere fois vouloit être obéie; le cœur veut bien plus déterminément que l'esprit.

On sçut en peu de jours qu'il n'y avoit aucun danger pour le malade; mais il ne parloit point; les Chirurgiens démontroient qu'une de ses blessures offensoit considérablement les organes de la parole & de l'oüie, toujours affectés l'un par l'autre: le malade cependant n'étoit point sourd, mais selon eux, il devoit l'être, & ne pouvoit guérir que par un miracle de l'art.

Cette circonstance altéroit la joye qu'Elvire avoit d'apprendre

prendre qu'il n'y avoit plus de danger pour sa vie ; il ne parlera jamais, disoit-elle tristement, cela est bien incommode.

Depuis la rencontre de l'Inconnu, Isabelle ne quittoit plus Elvire ; elle affectoit avec lui un redoublement de coquetterie, qui désesperoit Dom-Pédre & donnoit de l'inquiétude à Elvire ; mais la facilité qu'elle lui procuroit de passer les après-midi dans la chambre du malade, où la bienséance l'auroit empêchée d'aller seule, le plaisir que Dom Pédre avoit de la voir plus souvent, les dédommageoit l'un & l'autre des chagrins qu'elle leur causoit. Ces quatre personnes ne se quittoient qu'autant que le devoir de Dom-Pédre l'appelloit à la Cour.

Il est naturel de croire que les gens qui ne parlent pas, n'entendent point : ce préjugé joint aux raisonnemens des Chirurgiens, faisoit oublier que l'on parloit devant un tiers.

Un jour que Dom Pédre faisoit de violens reproches à Isabelle sur un long entretien qu'elle avoit eu à la Cour avec Dom Rodrigue son ennemi & son rival, on vint de la part du Roi s'informer de la santé de l'inconnu. Dom Pédre sortit pour aller lui-même en rendre compte au Prince. Isabelle se voyant libre, dit à Elvire : Votre frere devient de jour en jour plus insupportable; sans l'amitié que j'ai pour vous, je romprois tout-à-fait avec lui : mais a-t-il tort, reprit doucement Elvire? Vous connoissez

ſez la haine que Dom Rodrigue a pour nous; vous ſçavez combien cet homme eſt dangereux, & vous avez avec lui l'air de la plus grande intelligence: Vous portez la coquetterie juſqu'à vouloir plaire à cet inconnu, qui ne pourra jamais vous dire s'il vous aime, ajouta-t-elle en ſoupirant; que mon Frere eſt malheureux! Vous n'avez nul ménagement pour lui; cependant il vous adore: Belle raiſon, reprit Iſabelle, s'il faut meſurer l'amour que l'on prend ſur celui que l'on donne, vous aimez donc le Roi à la folie. Vous prenez un mauvais détour, reprit Elvire (avec un petit mouvement d'impatience) le Roi ne m'aime pas, & quand il m'aimeroit.... Eh bien! interrompit Iſabelle, quand il vous

vous aimeroit ? Achevez comme s'il étoit vrai ; hors vous, personne n'en doute; que feriez-vous ? Pendant qu'Isabelle parloit, Elvire qui étoit assise vis-à-vis de l'Inconnu, rencontra ses yeux qu'il baissa avec tant de tristesse, que son dépit en augmenta ; elle répondit encore plus vivement : Quand il m'aimeroit, je ne l'aimerois jamais ; il y a trop d'éloignement de son caractére au mien. Eh, qu'importe pour un Roi, reprit Isabelle ; cela n'importe même guéres pour un particulier ; aime-t'on tout son amant ? Cela ne se peut pas, les agrémens personnels & les belles qualités sont trop partagées. Vous voyez que j'aime dans votre frere la noblesse de son ame, sa bonne foi ; j'aimerois

dans

dans un autre la jolie figure, la douceur de la phisionomie; je ne m'engage avec personne, je leur dis naturellement ce qui me plaît ou déplaît en eux; & si j'étois à votre place, en disant au Roi que je l'aime Eh! mais je ne lui dis point, s'écria Elvire; en vérité votre obstination me désespere; je ne lui dis point, & je ne lui dirai jamais. Tant pis, reprit Isabelle; si vous n'accoutumez votre cœur à s'amuser de tout au premier mouvement de simpathie que vous rencontrerez, vous aimerez sérieusement.

Ce seroit la seule façon dont je voudrois aimer, répondit Elvire; comme l'amour involontaire peut seul être excusé, je me croirois moins coupable d'aimer beaucoup, que d'aimer médio-

médiocrement. Ah! vous irez plus loin, s'écria Isabelle : une fois séduite, vous craindrez de n'aimer pas assez. Que je vous plains ! Que vous serez malheureuse, quand les défauts de votre Amant viendront défigurer l'agréable idole que votre cœur s'en sera formée! Je ne m'en croirois pas plus malheureuse, reprit Elvire ; il me semble que l'on doit voir les défauts de ce que l'on aime, du même œil que les siens propres : l'amour qui s'en offense n'est qu'une foible amitié. Vous ne désirez donc pas un Amant parfait, repliqua Isabelle en riant ? Je ne désirerois pas une chimere, répondit Elvire ; les vertus qui méritent l'estime générale auroient les mêmes droits sur la mienne ; je m'imagine d'ailleurs que le bon-

heur qui consiste dans la tendre union des ames, dépend d'une sincérité irréprochable, & de la confiance la plus intime; j'en exigerois beaucoup, & je me croirois aimée foiblement, si l'on n'en exigeoit autant de moi: je voudrois aussi que mon Amant eût assez de candeur pour n'essayer de me convaincre de ses sentimens, qu'après s'en être convaincu lui-même: je ne sçai, ajouta-t'elle, en baissant les yeux, si je ne voudrois pas qu'il fût malheureux. On ne rend point assez heureux quelqu'un qui l'est déja. Fort bien, dit Isabelle en se levant, avec cette façon de penser on fait le bonheur des autres, mais on ne fait assurément pas le sien. Vous sortez, dit Elvire? Non répondit Isabelle; attendez-moi: je

vais

vais dans ce cabinet écrire une chanson que j'ai faite sur l'humeur de votre frere; je veux la lui donner, je ne serai qu'un moment.

Elvire voulut la suivre, mais en passant auprès du lit de l'Inconnu, il la retint doucement par sa robe. Arrêtez, adorable Elvire, lui dit-il assez bas pour n'être entendu que d'elle, je suis ce malheureux qui auroit droit de vous plaire, s'il suffisoit de vous adorer. Vos charmes ont séduit ma raison; une juste indignation contre les hommes m'avoit condamné à garder avec eux un silence éternel, l'amour seul pouvoit me le faire rompre: si l'offre des premiers voeux d'un coeur pur vous offense, je reprens le dessein que j'avois formé, rien ne pourra m'en distraire.

Elvire à la voix de l'Inconnu fut saisie de tant différens sentimens, qu'ils suspendirent réciproquement leur effet. Elle sembloit vouloir s'éloigner, mais l'Inconnu la retenant toujours: pardonnez-moi, Madame, continua-t'il, la violence que je vous fais: voici le moment décisif de ma vie; je ne suis pas assez téméraire pour espérer, mais je suis trop malheureux pour avoir quelque chose à craindre. J'ai parlé, belle Elvire, vous seule le sçavez; que tout autre l'ignore; gardez mon secret, c'est la seule grace que je vous demande à présent, me la refuserez-vous? Répondez-moi, charmante Elvire; que j'entende de cette belle bouche un mot qui me soit adressé; quel qu'il puisse être, il sera cher à mon amour.

Je garderai votre secret, répondit-elle d'une voix timide, permettez moi seulement de le communiquer à mon frere; il ne doit rien ignorer de ce que je sçai, & vous lui devez votre confiance. Vos volontés sont mes loix, Madame, reprit l'Inconnu; dites mon secret à Dom Pédre: mais, adorable Elvire, (ajouta-t'il avec une tendre timidité) le lui direz-vous tout entier? Je ne lui cache rien, répondit-elle. Ah! Madame, s'écria l'Inconnu, que mon amour vous touche peu! Que je suis malheureux! Mais pourquoi, dit Elvire, s'appercevant alors pour la premiere fois qu'elle s'attendrissoit? Craignant d'en trop dire, elle s'échappa des mains de l'Inconnu, si agitée, qu'elle n'osa entrer dans le cabinet

binet où étoit Isabelle; elle alla s'enfermer dans le sien.

A peine remise de son trouble, commençoit-elle à sentir cette joie du cœur, qui naît du développement d'un sentiment agréable, que Dom Pédre arriva.

Ah! mon frere, s'écria-t'elle en courant à lui, l'Inconnu m'a parlé, vous serez surpris de l'entendre : il vous aime; il a un son de voix charmant, vous ne vous repentirez jamais de lui avoir sauvé la vie, vous l'aimerez, j'en suis sûre, mais il faut lui garder le secret, je l'ai promis. Quel secret, demanda Dom Pédre? Sa naissance seroit-elle obscure, n'oseroit-il l'avouer? Ce n'est pas cela, répondit Elvire; il ne veut parler qu'à nous, nous aurons seuls sa con-

confiance; notre amitié lui tiendra lieu de tout: un juste mépris pour les hommes.... Que voulez-vous donc dire, ma sœur, interrompit Dom Pédre? Je ne vous entens point; mais enfin quel est son nom & sa naissance? Je ne le sçai pas, répondit-elle, aussi surprise de son ignorance, qu'embarrassée de la question. Vous ne le sçavez pas, reprit vivement Dom Pédre, & qu'a-t'il donc pû vous dire? Pourquoi vous confier des secrets avant que de se faire connoître? Quel est l'embarras où je vous vois? Expliquez-vous, ma sœur, eloignez, s'il se peut, des soupçons... Ah! mon cher frere interrompit Elvire, n'intimidez pas ma confiance, vous sçaurez tout; je ne veux rien cacher à un frere que j'adore: l'Inconnu

.

.... Quoi toujours l'Inconnu, reprit Dom Pédre avec colére? Ce n'est plus que sous son nom que je puis recevoir des confidences, je vais le faire expliquer. Nul éclaircissement ne me convient avant celui de sa naissance.

Il sortit en même-tems, & laissa Elvire dans une situation bien nouvelle pour son coeur. Etonnée, interdite, elle s'appuya sur une table, & sembloit en se cachant le visage de ses mains, vouloir se dérober à elle même une partie de sa confusion. La colére de Dom Pédre avoit éclairé son coeur : la crainte de s'être méprise sur l'objet de sa tendresse, lui rendit plus de timidité que le plaisir d'être aimée ne lui en avoit fait perdre; cette passion qui s'exprimoit

primoit un moment auparavant par une joie si naïve, lui parut un crime, & peut-être une bassesse.

Comment s'étoit-elle aveuglée sur les circonstances de la rencontre de l'Inconnu ? Un homme seul, couvert de blessures qu'il avoit peut-être méritées, ne devoit exciter que de la pitié. Sur quel fondement avoit-elle pû le croire d'un rang égal au sien, lorsque tout lui annonçoit le contraire? Ce silence affecté n'étoit-il pas la preuve d'un caractére dangereux, ou d'une fausseté méprisable ? Cependant elle l'aimoit ; le moindre doute là-dessus l'auroit soulagée ; elle n'en trouvoit plus.

Elle passa deux heures dans les mortelles agitations que donnent les remords, la honte,

la raiſon & l'amour, quand ils ſe raſſemblent dans un cœur vertueux.

La crainte de revoir Dom Pédre, la faiſoit treſſaillir au moindre bruit. L'impatience d'être tirée de ſa mortelle incertitude, lui faiſoit déſirer ſon retour: enfin elle l'entendit revenir d'un pas précipité, qui la glaça d'effroi. Au moment qu'il entra, elle étoit tombée demi-morte ſur le ſopha où elle étoit aſſiſe. Raſſurez-vous, ma ſœur, s'écria Dom Pédre, effrayé de l'état où il la trouvoit: votre cœur ne s'eſt point trompé; Dom Alvar de las Torres peut être aimé ſans honte d'Elvire de Médina. Quel eſt ce Dom Alvar, demanda-t'elle d'une voix tremblante? C'eſt l'Inconnu, répondit Dom Pédre; j'en ai

ai les preuves nécessaires pour tranquiliser votre ame & mon amitié. Ah ! mon cher frere, s'écria tendrement Elvire (en prenant une de ses mains qu'elle voulut baiser) que votre sœur est malheureuse ! Elle ne put en dire davantage, elle laissa tomber sa tête sur l'épaule de Dom Pédre, qui s'étoit assis à côté d'elle ; elle y resta quelque-tems immobile, le visage baigné de ces larmes paisibles, qui remplissent si tendrement l'intervale de la douleur au plaisir. Ecoutez-moi, ma sœur, dit Dom Pédre en la relevant, j'en vois assez pour ne pas retarder un entier éclaircissement.

Dom Alvar de las Torres, est fils de Dom Sanche de las Torres, dont la fin tragique

 est

eſt ſçue de tout le monde : mais nous en ignorions les circonſtances que je viens d'apprendre. Ce fameux Miniſtre de Ferdinand Roi de Portugal eut le malheur de plaire à Laure de Padille maîtreſſe de ce Prince. Plus violente & plus cruelle encore que lui, elle commença par faire empoiſonner la mere de Dom Alvar, pour ôter tout prétexte à la vertueuſe froideur de Dom Sanche ; mais cet attentat qu'il ne put ignorer changea ſon indifférence en horreur. Laure, déſeſpérant de pouvoir le toucher, ſe porta aux dernieres extrêmités. Après avoir eſſayé en vain de jetter dans l'eſprit du Roi des ſoupçons ſur l'intégrité de ſon miniſtere, elle forgea elle-même un projet de conjuration,

conjuration, qu'elle fit trouver dans les papiers de Dom Sanche, par un complice infâme de ses cruautés.

Le Roi, sur ce spécieux témoignage, fit trancher la tête à son Ministre ; mais la vengeance de cette perfide femme n'étoit pas assouvie : elle vouloit éteindre en Dom Alvar le reste du nom de las Torres. Il ne lui eût pas été difficile de le faire périr, tous les amis de son pere l'ayant abandonné : un seul lui resta, qui eut le courage d'enlever le jeune Alvar : il vint le cacher dans la forêt, où vous l'avez trouvé.

Ce fidéle ami a consacré son bien, son esprit & ses talens à l'éducation de son éléve ; une cabane leur a servi

 d'azile

d'azile contre les fureurs de Laure, jusqu'au jour où l'inexpérience du malheureux Alvar a donné lieu à la plus horrible catastrophe. Il chassoit assez loin de leur habitation, lorsqu'il rencontra des gens inconnus, qui le croyant de la suite du Roi, le questionnerent si adroitement, que parlant pour la premiere fois à des hommes, la défiance générale que son ami lui avoit inspirée, ne suffit pas pour le garantir de leurs artifices. C'étoient des émissaires de la cruelle Laure; ils tirerent des paroles de Dom Alvar des inductions suffisantes pour découvrir la retraite de son vertueux ami, & partirent promptement pour aller consommer leur crime par un infâme assassinat.

Quel

Quel ſpectacle pour le malheureux Alvar ! En entrant dans la cabane, de trouver ſon tendre ami prêt de rendre le dernier ſoupir ; il ne lui reſtoit de forces que pour lui apprendre d'où partoient les coups, & pour l'exhorter à s'en garantir. Le déſeſpoir de Dom Alvar augmenta par la connoiſſance de la part qu'il avoit à ſon malheur : dès qu'il eut vû expirer dans ſes bras ce miracle d'amitié, ne ſe connoiſſant plus lui-même, il erroit comme un furieux dans la forêt, quand il rencontra des Piqueurs du Roi. Ils voulurent brutalement le faire retirer : Dom Alvar, qui ne cherchoit qu'à mourir, ſe livra à leurs coups, & vint tomber à vos pieds. Votre ſeule vûe, ma ſœur, l'a enga-

 gé

gé à recevoir les ſecours que vous lui avez procurés ; ſon jeune cœur, quoique prévenu contre les hommes, n'a pû réſiſter à l'amour que vous lui avez inſpiré ; il a été d'autant plus violent, qu'il le reſſentoit pour la premiere fois : mais en ſe livrant à nos ſoins, il s'eſt propoſé d'obſerver, en gardant le ſilence, ſi les hommes étoient tels qu'on les lui avoit dépeints ; & de ne le rompre, que lorſqu'il auroit trouvé où placer ſon eſtime. Nos procédés ont déterminé ſon choix. Votre mérite a redoublé ſon amour pour vous, & la reconnoiſſance a produit l'amitié qu'il vient de me jurer. Au reſte, ma ſœur, ſa ſincérité ne peut être ſuſpecte ; j'ai vû avec douleur les preuves de ſa mal-

heureuſe

heureuſe hiſtoire ; il les a toutes conſervées avec ſoin, hors le fatal projet de la conjuration qui a couté la vie à ſon pere, qu'il a cherché inutilement.

Voilà, ma ſœur, quel eſt l'Amant que le ſort vous préſente ; il eſt digne de vous ; & il eſt digne de moi de remplacer la perte de ſon ami : il partagera ma fortune, juſqu'à ce que les bontés du Roi lui en ayent fait une convenable à ſon rang. Tout mon crédit ne ſera déſormais employé qu'en faveur de la vertu malheureuſe.

Ah, frere trop généreux ! s'écria Elvire, en tombanr à ſes genoux..... Dans ce moment ils entendirent un grand bruit. Un Officier entra ſuivi de pluſieurs Gardes ; il venoit arrêter

arrêter Dom Pédre de la part du Roi.

Il eſt difficile d'exprimer la ſurpriſe du frere & de la ſœur, à un évenement ſi peu attendu. Dom Pédre ſûr de ſon innocence, obéit ſans réſiſter. On le conduiſit dans une tour, où l'on avoit ordre de l'enfermer.

Elvire, que ſon propre intérêt avoit abbatue, reprit tout ſon courage à la vûe du péril qui menaçoit ſon frere. Aucun obſtacle ne put retarder ſon zéle; elle courut ſe jetter aux pieds du Roi.

De quel crime, Sire, puniſſez-vous mon malheureux frere, s'écria-t-elle! en eſt-ce un que l'amour qu'il a pour un maître, encore plus digne d'être aimé par ſes vertus que par ſes bontés? Le

Le Roi releva Elvire, avec cet air de bienveillance, qui n'eſt ordinairement chez les Princes qu'une diſſimulation perfide : vertu ſur le trône, vice honteux dans la ſociété ; mais qui n'étoit alors que l'effet de la paſſion de ce Prince. J'aimai votre frere, Madame, lui dit-il, l'aveu de ſon crime peut encore lui rendre mon amitié : ſa grace n'eſt qu'à ce prix. Mais s'il l'ignore, Sire, reprit Elvire, en verſant des larmes qu'elle ne put retenir.... Le Roi touché, plus qu'il ne vouloit le paroître, alloit s'éloigner ſans lui répondre, lorſqu'elle le retint, en ſe jettant une ſeconde fois à ſes pieds : je le vois bien, Sire, lui dit-elle, la perte de mon frere eſt réſolue ; la ſeule grace que j'implore

j'implore, c'eſt la permiſſion de le voir, ordonnez que ſa priſon me ſoit ouverte ; ſoumis à votre juſtice, nous attendrons enſemble la même deſtinée.

Le Roi, prêt à céder à ſon amour, lui accorda la liberté de voir Dom Pédre ; & ſe retira, ſans écouter les triſtes remerciemens qu'un uſage barbare exige des malheureux, quand on ne leur fait pas tout le mal qu'on peut leur faire.

Auſſi-tôt que le Roi fut ſorti, Elvire ſe fit conduire à la Tour, où ſon frere étoit enfermé. A la vûe de ce ſéjour affreux, où tous les ſens bleſſés, ne portent à l'ame que des idées révoltantes, Elvire penſa expirer. Ses pas mal aſſurés la conduiſirent à peine juſqu'à la porte,

te, dont l'aſpect funeſte fait trembler également l'innocence & le crime. Dès qu'elle fut ouverte, le frere & la ſœur ſe jettant dans les bras l'un de l'autre, y demeurerent pénétrés d'une douleur muette, trop ſentie pour être exprimée; mais Dom Pédre reprenant bien-tôt ſa fermeté naturelle: Eh bien, ma ſœur, lui dit-il, puiſque je vous vois, je vais ſans doute triompher de mes ennemis. La tyrannie n'accorde jamais de conſolations aux malheureux, qu'au moment où ils ne le ſont plus. Ma vengeance ſera trop juſte, pour que le Ciel ne la favoriſe pas; mais quand je devrois en mourir, je ſerai ſatisfait.

Né penſons pas encore à nous venger, répondit Elvire: hélas

hélas ! mon frere, nous ne sommes pas à cet heureux moment; le Roi vous aime, il est vrai ; mais ce n'est, dit-il, qu'à l'aveu de votre crime qu'il peut en accorder le pardon, votre grace n'est qu'à ce prix. Qu'à l'aveu de mon crime ! s'écria Dom Pédre, ah ! si j'en avois pû commettre, il seroit de ceux que l'on avoue sans honte, & qui bravent les menaces. O Ciel ! c'est le Roi qui m'accuse ! c'est moi qu'il soupçonne ! moi ! Eh qui ne connoît la pureté de votre ame, dit Elvire ? Mais, mon frere, les Rois s'offensent aisément : puisque votre grace n'est qu'au prix d'un aveu, examinez avec soin, s'il ne vous seroit pas échappé quelque trait équivoque, qui, rendu sous les couleurs du crime, pouvoit en

avoir

avoir les apparences. Non, ma ſœur, répondit Dom Pédre, je ſuis innocent, puiſque je ſuis ſans remords; mon cœur eſt plus ſûr que ma mémoire. O Dieux ! que ferons-nous donc, s'écria triſtement Elvire ! comment fléchir le Roi ? Je l'ignore, reprit Dom Pédre, je ne veux pas même le ſçavoir; je n'ai dû la faveur d'Alphonſe qu'à ſon choix; je ne devrai mon ſalut qu'à ſa juſtice. Attendons tout, ma ſœur, avec un courage digne de nous.

Le frere & la ſœur s'entretinrent de leurs affaires & de leur tendreſſe mutuelle, juſqu'au moment où l'on vint avertir Elvire qu'il étoit tems de ſe retirer; ſa douleur juſques-là ſuſpendue par la préſence de ſon frere, ſe réveilla avec plus de violence

violence qu'elle n'en avoit auparavant.

Les événemens funestes qui pouvoient l'en séparer pour jamais, se présentant à son imagination, porterent dans tout son corps un frisson mortel, qu'elle prit pour le présage d'un éternel adieu. Ses yeux attachés sur son frere avec une morne avidité, sembloient se rassasier de sa vûe pour la derniere fois. Dom Pédre attendri par des marques si touchantes de l'attachement de sa sœur, ne voyoit que le danger où la mettoit l'excès de son affliction; tremblans l'un pour l'autre, remplis d'idées funestes qu'ils n'osoient se communiquer, ils se séparerent sans proférer une parole. Les malheureux le seroient beaucoup moins, s'ils ne

voyoient que leur malheur.

Elvire se trouva chez elle sans s'être apperçue qu'on l'y eût conduite ; abîmée dans le seul objet dont elle étoit occugée, ceux du dehors ne pouvoient se peindre à son ame, son cœur en étoit si rempli, qu'il sembloit n'y rester aucun vuide : mais lorsque ses gens, en lui rendant compte de ce qui s'étoit passé pendant son absence, lui apprirent que Dom Alvar avoit été enlevé par les ordres du Roi, presqu'en même tems que Dom Pédre, elle sentit qu'à quelque dégré que soit la douleur, elle peut augmenter ; il n'en est pas de même des plaisirs, leurs bornes sont prescrites.

Elvire n'avoit pas encore éprouvé le besoin d'être aimé,

que la nature a donné aux belles ames, & qui redouble dans les malheurs. Jusques-là l'amitié de son frere suffisoit à sa confiance : en le quittant, un sentiment vague, indéterminé, la faisoit compter (sans même qu'elle s'en apperçût) sur les consolations qu'elle trouveroit dans le cœur de Dom Alvar ; il l'aimoit, elle pouvoit sans contrainte s'entretenir avec lui de leur malheur présent, & peut-être de l'espérance de leur bonheur à venir ; quelqu'affligée qu'elle fût, elle pouvoit porter de la joye dans le cœur de son Amant, en lui apprenant les dispositions favorables de son frere à son égard, & en le laissant même appercevoir des siennes. On n'est pas tout-à fait malheureux, quand on peut

peut procurer du bonheur à ce qu'on aime.

Elvire ne distingua bien ces idées flatteuses qu'au moment qu'il fallut les abandonner. L'absence de Dom Alvar, jointe à celle de son frere, lui parut une privation totale : elle ne vit plus rien qui l'environnât, elle se crut seule dans l'univers. L'excès de son accablement devint une espéce d'insensibilité. Ses femmes la mirent au lit, sans qu'elle donnât aucun signe de connoissance.

Elle passa une nuit telle qu'on peut l'imaginer ; cependant elle en appréhendoit la fin ; elle craignoit que le jour n'interrompît le calme affreux dont elle jouissoit, en lui apprenant de nouveaux malheurs, qu'elle ne se sentoit pas la force de supporter.

Isabelle fut la premiére qui entra dans son appartement; elle s'assit sur son lit, en versant quelques larmes. Vous pleurez, dit Elvire d'une voix foible, suis-je au comble du malheur? Je n'ai rien de nouveau à vous apprendre, répondit Isabelle; votre état & celui de votre frere suffisent pour m'affliger. Le Roi m'entretint hier fort long-tems; il cherchoit à démêler si je ne sçavois rien du prétendu crime de Dom Pédre; de mon côté je tâchois de découvrir de quoi il l'accusoit; mais il est là-dessus d'un sécret impénétrable: je lui fis des reproches sur son injustice, qui n'eurent pas grand succès. Nous nous séparames fort mécontens l'un de l'autre. Vous a-t-il parlé de l'Inconnu, demanda Elvire?

Non,

Non, répondit Iſabelle, il eſt trop occupé de votre frere pour penſer à d'autres; je crois même que vous lui êtes devenue très-indifférente: car le moyen de croire que l'on aime les gens, quand on les perſécute? Mais à propos, continua-t-elle, je vais paſſer dans la chambre du malade; je reviendrai vous dire de ſes nouvelles. Eh quoi, dit Elvire, vous ignorez donc ce qui s'eſt paſſé? Je ne ſçai rien, répondit Iſabelle, parlez, qu'eſt-il arrivé?

Elvire étoit trop malheureuſe pour être prudente. Elle ne réſiſta point à l'attrait de ſoulager ſon cœur, en confiant toutes ſes peines à Iſabelle. Elle lui avoua ſa tendreſſe pour l'Inconnu, ſes inquiétudes ſur ſon enlevement; elle la pria

avec

avec tant d'ardeur d'employer ses soins à découvrir le sort que le Roi lui préparoit, qu'Isabelle en fut touchée. En vérité, dit-elle, vous avez eu tort de dissimuler ; si j'avois été instruite de votre passion, je me serois bien gardée de vous dérober le moindre regard de votre Amant : je n'aime point à faire de la peine à mes amies ; si le sort nous rassemble, vous serez contente de moi : je vous aiderai même à gagner votre frere. Cela ne sera pas nécessaire, répondit Elvire, je ne fais rien sans son aveu. Bon, dit Isabelle, l'aveu de votre frere ! Ah ! vous ne me persuaderez pas que Dom Pédre, haut comme il est, approuve jamais votre goût pour un homme isolé ; non, non, pour lui plaire il faut un

un mérite fondé ſur une longue ſuite d'ayeux bien reconnue ; que cela ne vous inquiéte pas, cependant duſſai-je l'épouſer, je le ferai conſentir à votre bonheur ; je vous aime aſſez pour vous en faire le ſacrifice.

Elvire, ſans s'arrêter à ce qu'il y avoit d'inconſidéré dans le diſcours d'Iſabelle, ne balança pas à juſtifier ſon choix, en lui découvrant le ſécret de Dom Alvar ; enſuite elle la conjura de nouveau de s'informer exactement de ſa deſtinée, mais avec diſcrétion & ſans la compromettre ; elle promit tout, & ſortit pour aller exécuter ſa commiſſion.

Elvire, ſoulagée par cet entretien, ſe crut aſſez de force pour aller adoucir par ſa préſence la captivité de ſon frere ; elle

elle ſe leva, mais une fiévre violente qui la ſaiſit, l'obligea de ſe remettre au lit.

Iſabelle vint le ſoir même lui dire qu'elle n'avoit rien appris de particulier de Dom Alvar ; que l'on diſoit ſeulement à la Cour que le Roi avoit eu ces deux jours-là de longs tête à tête avec un homme qu'il tenoit enfermé, que ſans doute c'étoit Dom Alvar. Mais, demanda Elvire, ne dit-on point les raiſons qui ont porté le Roi à le faire arrêter ? Non, dit Iſabelle, juſqu'ici rien n'a tranſpiré. Il faut donc tout attendre du ſort, dit Elvire en pouſſant un profond ſoupir : mais, ma chere Iſabelle, écrivez, je vous prie, à mon frere, inſtruiſez-le de ce qui m'empêche d'aller le voir ; votre lettre adoucira

adoucira sa peine, si vous ne lui refusez pas quelques mots qui flattent son amour. En vérité, répondit Isabelle, cela ne me coutera rien ; ses malheurs m'attendrissent, je n'ai pas daigné parler à un homme depuis qu'il est prisonnier; vous voyez le peu de soin que je prends de ma parure ; s'il étoit longtems malheureux, je ne répondrois pas que je ne l'aimasse sérieusement. Je ne veux plus vous faire parler, ajouta-t-elle, voyant qu'Elvire souffroit beaucoup. Je vais écrire à votre frere, je ne vous quitterai pas; un livre, ou mes idées m'amuseront.

Dès que le Roi eut appris la maladie d'Elvire, il envoya l'assurer qu'elle n'avoit rien à craindre pour son frere; que tout

reſteroit ſuſpendu juſqu'à ce qu'elle fût en état de l'aider de ſes conſeils; & qu'il déſiroit autant qu'elle de le trouver innocent. Elvire avoit beſoin de cette aſſurance pour pouvoir ſupporter les maux dont elle étoit accablée; mais cette foible conſolation fut bien-tôt altérée par un nouveau genre de tourment, du moins auſſi cruel, que ceux qu'elle avoit déja éprouvés.

Iſabelle, qui ne quittoit Elvire que pour aller s'informer des nouvelles qui pouvoient l'intéreſſer, revint un ſoir plus tard qu'à l'ordinaire : après avoir fait ſortir les femmes d'Elvire avec beaucoup d'empreſſement; réjouiſſez-vous, lui dit-elle, je viens vous apprendre des choſes charmantes de votre

Amant

Amant. Il a paru aujourdhui chez le Roi beau comme l'amour, paré comme une idole, avec toutes les apparences d'un favori décidé : c'étoit une chose à voir que l'étonnement des Courtisans, & l'admiration des femmes. J'ai vû jusqu'à notre vieille Gouvernante le suivre pas à pas, le col allongé, les yeux retrécis, minaudant de la bouche, & ne cessant de lui parler sans en être entendue ; il est vrai que sa figure est éblouissante, ses yeux fins & languissans adoucissent la fierté de sa mine, la majesté de sa taille est embellie par mille charmes répandus sur toute sa personne ; la noblesse régne dans tous ses mouvemens, les graces dans sa politesse : enfin c'est un homme charmant ; si j'étois contente

 de

de lui. . . . Il vous a parlé, sans doute, interrompit Elvire? Non, répondit Isabelle en souriant : Ah! ne me cachez rien, ma chere Isabelle, je vous en conjure, reprit Elvire, que vous a-t-il dit? Rien du tout, répondit Isabelle; n'ayez point de jalousie : je me trompe fort, si la faveur du Roi ne l'enyvre de façon à lui faire oublier ses amis; il m'a vû sans me regarder, sans me donner le moindre signe de connoissance; il a un air indolent, que l'on prendroit pour de la tristesse, si l'on pouvoit être malheureux avec l'applaudissement général. Comment! il ne vous a pas parlé, demanda encore Elvire? Il ne m'a pas dit un mot, répondit Isabelle; faut-il des sermens pour vous le persuader, ajouta-t'elle en

en riant ? Votre folie me divertit, votre Amant est libre, il est heureux ; de quoi vous inquiétez-vous ?

Où prendre des forces pour soutenir tant de maux à la fois, s'écria Elvire ! Dom Alvar est ingrat ! Dom Alvar préfére la fortune à Elvire ! il oublie qu'elle est malheureuse ! Ô Dieux, que je ne voye jamais la lumiere ! Isabelle étonnée, ne sçavoit que penser de la douleur d'Elvire ; cependant elle voulut la rassurer par des discours généraux, plus propres à irriter une véritable douleur, qu'à la soulager. Il n'y a que les victimes de l'amour qui sçachent en adoucir les peines.

Elvire sans mouvement, les yeux fermés, n'entendoit pas même les consolations mal-

adroites que son amie s'efforçoit de lui donner. On auroit douté si elle vivoit, sans un torrent de larmes qui s'échappoient de ses yeux. Isabelle appella du secours : en est-il contre les maux dont la cause est dans l'ame ?

Elvire ne tarda pas à éprouver les effets de ce nouveau chagrin. En peu de jours on désespera de sa vie ; mais que ne peut la nature soutenue du désespoir ? Elle refusa constamment de prendre aucun des remédes dont on l'auroit accablée, si elle eût eu le moindre désir de vivre. Son opiniâtreté produisit le contraire de ce qu'elle en attendoit. En très-peu de tems elle se trouva dans un état de convalescence, qui répondoit du moins de sa vie, s'il

s'il ne promettoit rien pour sa santé : les progrès en étoient suspendus par la profonde tristesse où la plongeoient ses réflexions inépuisables sur la conduite de Dom Alvar.

Le Roi l'avoit fait arrêter en même tems que Dom Pédre le croyant complice du crime qu'on lui imputoit ; mais la jalousie qui se multiplie par elle-même, avoit fait tant de progrès dans son cœur depuis la rencontre de cet Inconnu, qu'il n'étoit peut-être pas fâché de s'autoriser d'une raison d'Etat, pour venger son injure particuliere.

D'ailleurs, le silence de Dom Alvar lui paroissoit renfermer quelques mysteres. Ce fut pour s'en éclaircir par lui-même, qu'au lieu de le rendre prison-

nier, ainſi que Dom Pédre, il ſe contenta de le faire garder dans une chambre de ſon Palais.

L'impétuoſité de ſes mouvemens l'y conduiſit preſque en même tems que Dom Alvar y arrivoit. Sa contenance noble, tranquille & aſſurée frappant Alphonſe d'étonnement, calma tout à coup ſon ame ; il lui fit avec douceur toutes les queſtions qu'il crut propres à l'obliger de parler; mais Dom Alvar ne lui répondit que par un ſilence auſſi ferme que reſpectueux. Déſeſpéré de ne rien obtenir par ſa priere, le Roi voulut eſſayer ſi le ſentiment auroit plus de pouvoir.

Il ſe tourna vers ſon Miniſtre de confiance (qui ſeul avoit la permiſſion de le ſuivre :) Je ne

ne veux, dit-il, d'autres preuves du crime de Dom Pédre, que le silence obstiné de son complice. L'artifice est l'unique ressource des ames lâches; allez, continua-t'il, que Dom Pédre soit conduit au supplice & que sa sœur..... Dom Alvar frappé de ces terribles paroles, les interrompit en se jettant aux pieds du Roi. L'amitié allarmée, la vérité naïve, la noble assurance parlerent avec tant d'énergie pour la justification de Dom Pédre, qu'Alphonse pénétré d'admiration & d'une sorte de respect, que les Rois mêmes doivent à la vertu, lui ordonna de se lever & de lui apprendre son nom, son rang & son sort; Dom Alvar satisfit sa curiosité autant qu'il le put, sans blesser le secret qu'il

qu'il se devoit à lui-même ; ensuite il supplia modestement le Roi de n'en pas exiger davantage. Ses paroles, le ton dont il les prononçoit, la candeur peinte sur son visage, avoient si puissamment remué le goût naturel du Roi pour la vertu, que regardant Alvar avec bonté : Tu me cause tant de surprise, lui dit-il, qu'il faut que tu sois un homme extraordinaire. Je n'exige pas de plus grands éclaircissemens sur ton sort ; mais au moins que je sçache les motifs d'un silence si singulier ? Alors Dom Alvar lui dit que ses malheurs ayant dévancé sa naissance, il ne devoit son éducation qu'à un citoyen peut être ennemi trop zélé de la fausseté des hommes, puisqu'il l'avoit beaucoup mieux instruit

fruit de leurs vices que de leurs vertus; que cependant malgré la défiance qu'il lui avoit inspirée pour ses semblables, il avoit causé la mort de son bienfaiteur par une indiscrétion impardonnable, & qu'autant pour s'en punir, que pour éviter de nouveaux piéges, il avoit résolu de garder un silence éternel; mais qu'il avoit dû rompre son engagement pour employer la vérité à la défense de Dom Pédre. Les Rois entendent si rarement le langage de l'honneur & de la vertu, qu'ils doivent nécessairement en être frappés. Alphonse depuis cette premiere entrevûe ne passa aucun jour sans en donner une partie à Dom Alvar.

Ce Prince qui joignoit à une grande pénétration un désir sincere

cere d'éprouver les charmes de l'amitié, donna bientôt des marques du choix qu'il avoit fait de Dom Alvar pour remplacer Dom Pédre dans sa confiance, en le comblant de ses bienfaits: il exigea seulement qu'il n'auroit aucun commerce avec le frere & la sœur; il attacha des conditions si cruelles à l'infraction de cette loi, que quand Dom Alvar auroit été plus habile dans l'art du monde, il auroit été retenu par la timidité que sa premiere indiscrétion lui avoit laissée.

Dès son entrée à la Cour sa faveur étoit montée au plus haut dégré; son mérite étoit si précisément celui qui plaît à tout le monde, que l'envie même n'auroit pû condamner le choix du Roi.

Un esprit sage, mesuré, & cependant agréable, ne laissoit apper-

appercevoir ni vuide ni longueur dans sa conversation ; toujours vrai, sa franchise n'étoit ornée qu'autant qu'il le falloit pour n'être pas choquant : & l'égalité de son humeur étoit presque une démonstration de la pureté de son ame ; n'ayant jamais vû la Cour, son cœur étoit exemt de ces lâches artifices que les Grands transmettent à leur postérité bien plus surement que leur sang. Alphonse charmé de trouver tant d'excellentes qualités réunies dans un seul homme, ne goûtoit de douceur que dans son entretien ; & Dom Alvar reconnoissant des bontés du Roi, ne paroissoit occupé qu'à lui plaire ; cependant ils n'étoient pas contens l'un de l'autre. Dom Alvar ne cherchoit point à dissimuler le chagrin qui le dévo-

roit, & le Roi ne pouvoit s'empêcher de lui en faire souvent des reproches.

Eh quoi! lui dit ce Prince, un jour qu'il paroissoit plus triste qu'à l'ordinaire? Je vous ai élevé au plus haut point de grandeur, j'ai prévenu tous les souhaits qu'un Sujet peut former; je vous ai donné ma confiance plus intimement que ne l'a jamais eue Don Pédre; je vous aime Alvar, & je ne puis vous rendre heureux? Ah! Sire, répondit-il, il n'y a rien d'égal à ma reconnoissance; je n'avois l'idée d'un Roi tel que vous; mon amitié (puisque vous ordonnez que j'employe ce mot pour exprimer mon respectueux attachement) mon amitié est le fruit de mon admiration; mais, Sire, puis-je voir sans douleur, qu'avec

qu'avec tant de vertus & tant de bontés on puisse faire des misérables ? Je ne puis regarder les graces dont vous me comblez que comme les dépouilles d'un ami généreux, qui ne doit son malheur qu'à la calomnie; je l'avoue, Sire, sa perte empoisonne vos bienfaits.

Vous m'offensez, Alvar, & vous ajoutez un nouveau crime à celui de Dom Pédre ; des avis sûrs donnés à propos l'ont empêché de consommer son premier dessein ; mais puisqu'il traverse ceux que j'ai sur vous, je le punirai de m'ôter le plaisir de vous rendre heureux. Ah ! Sire, s'écria Dom Alvar, en se jettant aux pieds du Roi, ce n'est que par des larmes que je puis exprimer la tendresse que m'inspire l'excès de vos bontés.

Plus

Plus je les éprouve, plus la disgrace de mon malheureux ami me paroît affreuse ; apprenez-lui son crime, Sire, sa justification suivra de près ; puisque vous connoissez le prix d'un cœur, Dom Pédre pourroit Non, dit le Roi, je le connois, la conviction de son attentat ne le porteroit qu'à me braver ; un reste de pitié me parle encore en sa faveur ; l'amour que j'ai pour Elvire m'engage à différer de le punir ; mais sans l'aveu que j'exige de lui, rien ne retiendra ma vengeance : Non, Sire, reprit Dom Alvar, votre Majesté est trop juste...... Arrêtez, dit le Roi, n'abusez pas des droits que ma bonté vous donne : sur tout observez exactement la seule loi que je vous ai imposée ; je ne puis

puis trop vous le répéter, plus d'un intérêt m'en feroit punir févérement la transgression : quand l'amitié & l'autorité n'exigent qu'un sacrifice, il doit être sans réserve.

De semblables conversations souvent répétées, étoient peu propres à diminuer le chagrin de Dom Alvar. Aussi tout ce qui venoit chez Elvire, ne l'entretenoit que de la singularité du nouveau Favori ; les femmes, sur tout, l'accabloient de ridicules. Pouvoit-il leur plaire ? Il n'en avoit trompé aucune.

Elvire trouvoit une légére consolation de s'attribuer l'indifférence générale qu'on lui reprochoit. Mais comment justifier son silence ?

L'intérêt de Dom Pédre, & peut-être le désir de voir com-

ment Dom Alvar soutiendroit sa vûe, la déterminérent à sortir plûtôt que ses forces ne lui permettoient: elle se fit porter à la Cour; Dom Alvar étoit auprès du Roi lorsqu'elle y arriva.

La santé d'Elvire étoit trop altérée, pour soutenir tout à la fois l'émotion inséparable de la vue de ce qu'on aime, & celle qu'éprouve une ame noble, quand elle est forcée de s'humilier. Aussi seroit-elle tombée en se jettant aux genoux du Roi, si Dom Alvar (oubliant toute autre considération) ne l'eût prise entre ses bras, & ne l'eût portée sur un sopha, avant que le Roi eût le tems de s'étonner de sa hardiesse. Dès qu'Elvire eut repris ses sens, il ordonna à ceux qui l'environnoient de s'éloigner. Ce Prince ne put résister davan-

davantage aux ſentimens que lui inſpiroit la vûe d'Elvire, pâle, mourante, & qu'un modeſte embarras rendoit encore mille fois plus intéreſſante.

Vous vous plaignez de moi, Madame, lui dit-il; mais ſi vous connoiſſiez mon cœur, que je vous inſpirerois de pitié! J'aime encore votre frere, & je vous adore; j'ai cherché à vous plaire par toutes ſortes de moyens, dont vous n'avez pas daigné vous appercevoir. Je partagerois mon Trône avec vous, ſi je pouvois en diſpoſer: mais, comme le reſte des mortels, je n'ai qu'un cœur à vous offrir. Juſqu'ici le reſpect m'a obligé de me taire; jugez s'il eſt extrême, Madame, c'eſt votre Roi qui vous parle en Amant timide. Que ne m'en a-t'il pas

 coûté

coûté pour vous affliger, en punissant votre frere? J'aurois pardonné son crime, s'il n'étoit connu que de moi; mais j'en dois compte à mes Sujets. Que Dom Pédre autorise ma clémence par un aveu & un repentir sincere, je lui fais grace. Employez-y, Madame, tout le pouvoir que vous avez sur lui: allez le voir, apprenez-lui que je veux bien l'entendre; avertissez-le que je le ferai conduire devant moi: trouvez-vous avec lui; vous reconnoîtrez l'un & l'autre que je suis encore plus votre ami que votre Maître. Ne me répondez point, Madame, continua le Roi, voyant qu'Elvire vouloit parler, je ne me sens pas la force d'être généreux, si je trouvois autant d'ingratitude dans le cœur de la sœur que dans celui

celui du frere. Laissez-moi la foible satisfaction de compter sur votre reconnoissance. En même-tems le Roi fit signe que l'on vînt aider Elvire à marcher.

Les Courtisans s'empresserent, mais Dom Alvar les dévança. En se levant, Elvire laissa tomber le mouchoir dont elle essuyoit ses larmes : Dom Alvar le ramassa précipitament, & profita de cette occasion pour lui donner un billet ; mais ce ne fut pas si adroitement, que le Roi n'en eût du soupçon. La fatigue que la démarche d'Elvire lui avoit causée, le trouble où l'avoit jetté le billet qu'elle venoit de recevoir, l'impatience de le lire, ne lui permirent pas d'aller voir son frere: Elle se fit conduire chez elle. A

peine fut-elle arrivée, qu'elle l'ouvrit : il contenoit à peu près ces mots :

BILLET.

Vous me croyez sans doute le plus coupable des hommes, adorable Elvire ; je ne suis que le plus malheureux. Décoré de toutes les apparences de l'ambition satisfaite, mon cœur ne sacrifie qu'à l'amour & à l'amitié. Je n'ai rompu le silence, je ne parois sensible à la faveur dont le Roi m'honore, que dans l'espérance d'être utile à Dom Pédre ; si je puis pénétrer le secret du crime qu'on lui impute, c'est assez pour dévoiler son innocence ; je me flatte d'y réussir dans peu. Il falloit un motif aussi puissant pour me faire obéir à la tirannique défense que le Roi m'a faite,

d'avoir

d'avoir aucune relation avec les seules personnes pour qui la vie m'est chere. Il y va de la perte de tous trois, s'il découvre la moindre intelligence entre nous. Peut-être j'ai poussé trop loin la prudence ; mais, Madame, à qui pouvois-je confier mon secret ? Etranger dans cette Cour, observé de toutes parts, me défiant des hommes, ne les connoissant point, j'ai préféré le malheur affreux de vous paroître ingrat, au danger où mon peu d'expérience auroit pû vous exposer : je ne sçai même si je pourrai faire parvenir ce billet jusqu'à vous ; mais, belle Elvire, je mourrai de douleur, si je ne vous apprens pas l'excès de mon amour.

La lecture de cette Lettre apporta dans l'ame d'Elvire un

un changement inexprimable. Dom Alvar n'est point ingrat, disoit-elle avec transport: mon frere touche au moment de faire éclater son innocence; je les verrai tous deux partager les bontés du Roi & ma tendresse! Dois-je m'inquiéter de l'amour d'Alphonse? Il est généreux, il ne pourra jamais nous haïr.

Les sentimens agréables renaissans dans le cœur d'Elvire, sembloient faire couler un autre sang dans ses veines; sa santé se trouva presque tout d'un coup rétablie. Elle passa une nuit aussi agitée par des idées agréables, que les précédentes l'avoient été par ses cruelles inquiétudes.

Elle se leva de bonne heure, & se préparoit à sortir pour aller avertir Dom Pédre de tout

ce

ce qui se passoit, lorsqu'Isabelle arriva. Venez, lui cria Elvire, dès qu'elle l'apperçut, venez, ma chere Isabelle, partager mes espérances, comme vous avez partagé mes peines: je brûle d'impatience de vous entretenir. Je sçai tout, lui dit Isabelle: Dom Alvar vous avoit perdus tous trois, le glaive étoit levé sur vos têtes, mais j'ai eu l'adresse de le détourner. C'est pour vous apprendre cette bonne nouvelle que je me suis levée si matin. Mon Dieu, que les Amans sont mal adroits, continua-t'elle! Ils croyent tout voir sans être vûs; on les voit sans qu'ils s'en doutent. Expliquez-vous, reprit Elvire allarmée, qu'avons-nous encore à craindre? Rien, répondit Isabelle: ne vous ai-je pas dit que

j'avois paré le coup ! Mais tirez-moi d'inquiétude à votre tour : qu'avez-vous fait du billet de Dom Alvar ? Vous étiez, dit-on, si troublée ? Et comment sçavez vous que j'ai reçu un billet, interrompit Elvire encore plus effrayée ? Je le sçai du Roi, répondit Isabelle Du Roi, s'écria Elvire ! Ah ! nous sommes perdus ! Vous ne voulez donc pas m'entendre, reprit impatiemment Isabelle ? Ecoutez-moi ; vous verrez que l'étourderie que l'on me reproche ne s'étend pas sur les choses importantes ; je sçai parler à propos, quand il faut servir mes amis ; vous n'en serez persuadée que quand vous jouirez du bonheur que je vous ai préparé ; car votre prévention Mon Dieu, dit Elvire, je croirai tout

ce

ce que vous voudrez, mais expliquez-vous.

Le Roi, reprit Isabelle, parut de fort méchante humeur hier, quand vous l'eutes quitté. Il demanda plusieurs fois ou j'étois; on m'en avertit; je courus à la Cour. Dès qu'il me vit, il me tira à part; il me fit beaucoup de questions adroites sur vos liaisons & celles de votre frere avec Dom Alvar: je l'assurai que vous n'en aviez aucune. Eh bien, me dit-il d'un ton ironique, je suis mieux instruit que vous. Ensuite il me conta avec une colére qu'il s'efforçoit en vain de dissimuler, que Dom Alvar vous avoit donné un billet en sa présence; qu'au trouble que vous avez fait paroître en le recevant, il ne doutoit pas que vous ne fussiez tous deux com-

 plices

plices de je ne sçai quel projet séditieux que l'on impute à votre frere. Il finit par de grandes menaces contre vous trois. Il falloit toute ma présence d'esprit pour n'en être pas déconcertée ; le tems étoit cher ; une seule réflexion m'a fait sentir que l'aveu de la vérité étoit le seul reméde à vos maux : j'ai pris tout d'un coup la résolution, au lieu de la contenance timide que le Roi s'attendoit sans doute à me voir prendre, je lui dis tranquillement que ce n'étoit pas la peine de faire tant de menaces pour un simple billet d'amour. Un billet d'amour, s'est-il écrié, avec un visage aussi froid qu'il étoit agité auparavant ! Oui, Sire, lui ai-je répondu, si Dom Alvar a donné un billet à Elvire, ce ne peut être que cela. Il

a continué à me queſtionner ; je lui ai conté comment vous aviez pris du goût l'un pour l'autre. Enfin il m'a quittée, en m'aſſurant que ma franchiſe ne lui étoit pas ſuſpecte. Vous voyez bien que vous touchez à votre bonheur : il aime Dom Alvar à la folie ; que peut-il faire de mieux pour le rendre heureux, que de vous donner à lui ? En faveur de votre mariage il accordera la grace de Dom Pédre ; je ne me croirai plus obligée de l'épouſer, puiſqu'il ne ſera plus malheureux : nous ſerons tous contens. En vérité il eſt tems que la joie renaiſſe parmi nous ; ce n'eſt preſque pas vivre que de ſe plaindre toujours ; c'eſt mourir que de s'ennuyer.

Iſabelle continuoit ſes agréables conjectures ; Elvire plon-

 gée

gée dans la plus profonde rêverie, l'écoutoit à peine, lorsqu'on vint leur ordonner de la part du Roi de monter dans un carrosse qui les attendoit pour les conduire dans le lieu choisi pour leur exil. En même-tems on ordonna aux domestiques de préparer ce qui étoit nécessaire pour partir promptement.

Elvire assommée de ce coup imprévû, sembloit ne prendre aucune part à ce qui se passoit. O mon frere ! ô Alvar ! s'écria-t-elle douloureusement, qu'allez-vous devenir !

Il y a des momens, où l'ame emportée loin d'elle avec trop de rapidité, ne s'apperçoit plus de son existence. Elvire ne sentoit que les peines de ce qu'elle aimoit.

Isabelle au contraire ne cessoit

ſoit de crier à l'injuſtice ; elle aſſuroit qu'elle n'obéiroit pas, qu'elle vouloit parler au Roi, qu'aſſurément elle lui feroit entendre raiſon. Ses plaintes furent inutiles, il fallut partir.

Elvire demeura pendant tout le chemin dans l'eſpéce d'égarement où elle étoit tombée en recevant les ordres du Roi. Iſabelle exhaloit ſon impatience d'une façon, qui dans toutes autres conjonctures, auroit été plaiſante.

La nuit étoit déja fort avancée, quand elles arriverent ; on les conduiſit dans une chambre immenſe, dont le délabrement, auſſi-bien que celui des meubles, auroit effrayé des perſonnes moins délicates. Tout étoit égal à Elvire, elle

 ne

ne s'informoit de rien; mais Isabelle par ses questions réïterées, obligea des espéces de phantômes destinés à les servir sous l'habillement de Duégne, à satisfaire sa curiosité. Elle crut voir ouvrir son tombeau, en apprenant qu'elles étoient à la Cour de la Reine Douairiere, grande mere du Roi. Elle fit à Elvire mille reproches mêlés de larmes. Son chagrin redoubla le lendemain en se voyant dans un Château, moins affreux encore par son extrême antiquité, que par le peu de soin que l'on prenoit de l'entretenir.

La vieille Reine attachée aux étiquettes & aux anciens usages, rendoit la vie insupportable à celles que la proscription y conduisoit, sous le

le prétexte de lui former une Cour. Tout y respiroit la gêne, la tristesse & l'incommodité.

Les longues peines dégénérent ordinairement en langueur; lorsque l'ame n'est pas tirée d'une agitation pénible, par quelque événement agréable, la nature supplée à la raison, en rallentissant un mouvement qui entraîneroit sa destruction. Elvire menoit une vie languissante, mais elle vivoit.

Dom Alvar n'étoit pas moins malheureux. Alphonse excessivement irrité de la confidence qu'Isabelle lui avoit faite, n'écoutant que son premier mouvement, s'imagina qu'il banniroit aussi facilement de son cœur, que de sa présence, les

objets

objets de ſa jalouſie.

Après l'exil d'Elvire, il ne retarda celui de Dom Alvar, qu'autant de tems qu'il le crut néceſſaire pour l'empêcher de ſuivre ſes traces : Dépouillé alors des bienfaits du Roi, il eut ordre de ſe retirer, & de ne reparoître jamais.

Plus ſurpris que touché, il ne balança point ſur le choix du lieu de ſa retraite. Son eſprit ſe tourna avec complaiſance vers la cabane, où il avoit été élevé ; ſon cœur fatigué, avide de repos, crut qu'il y retrouveroit ces jours de paix toujours chers à ſon ſouvenir, & qui s'y retraçoient alors, comme le ſeul bien déſirable.

Le goût de la ſolitude ne doit ſon origine qu'au chagrin qui

qui tient à la honte, ou au ridicule.

Dom Alvar plein de confiance, sur le bonheur tranquille dont il alloit jouir, tourna précipitamment ses pas du côté de la forêt, azyle de ses premiers malheurs ; mais à mesure qu'il en approchoit, il sentoit affoiblir l'idée séduisante qu'il en avoit conçue d'abord : tout ce qu'il avoit vû & éprouvé depuis son entrée dans le monde, se présentoit à son imagination ; mais les traces aussi-tôt effacées qu'apperçues, laissoient aux images qu'elles formoient la confusion d'un songe : Elvire même ne s'y représentoit que dans l'éloignement.

Ce torrent de pensées tumultueuses ne cessa qu'en arrivant

à

à ſa cabane : frappé de ſa vûe, il reſta immobile ; ſes yeux attachés ſur ces objets ſe remplirent de larmes. La perte de l'ami vertueux qui l'avoit élevé, celle de ſa liberté, la répugnance qu'il ſentit tout-à-coup pour une ſolitude totale ; la comparaiſon des ſentimens de ſa jeuneſſe avec ceux qu'il avoit acquis dans le monde : tout affligeoit ſon ame, tout déchiroit ſon cœur. Cependant faiſant un effort ſur lui-même, il entra dans ce lieu déſiré, & redouté en même tems.

Les premiers jours ſe paſſerent à rappeller dans ſon ſouvenir les préceptes de ſon ami, & à vaincre ſa délicateſſe ſur la privation des commodités, qui ne ſont rien quand on

on ne les connoît pas, mais dont l'ufage fait des befoins. Son amour reprit bien-tôt, dans le calme de la folitude, ce qu'il avoit perdu d'empire dans le trouble de l'orage. Dom Alvar ne penfa plus qu'-aux moyens de découvrir le fort d'Elvire, il en effaya plufieurs inutilement. Trop près de la Cour, dans un lieu où le Roi chaffoit fouvent, pouvoit-il faire quelques démarches fans rifquer d'être découvert? Il crut que dans un endroit habité, il pourroit faire agir des gens inconnus, dont les recherches auroient plus de fuccès que les fiennes.

Il n'eut pas plutôt formé ce projet, qu'il partit pour l'exécuter, en obfervant de ne point fuivre les routes ordinaires.

Il

Il avoit déja marché près de deux jours, lorsque traversant un bois, il vit tout-à-coup fondre sur lui un homme l'épée à la main, qui sans lui donner le tems de se reconnoître lui cria: Traitre, défends une vie que tu aurois dû perdre par le plus infâme supplice : Dom Alvar étonné, se mit en défense; mais reconnoissant en même-tems Dom Pédre, loin d'attenter à ses jours, il ne fit que parer les coups qu'il lui portoit avec une fureur inexprimable. Arrêtez, Dom Pédre, lui crioit-il, quelle est votre erreur ? reconnoissez le malheureux Alvar; venez plûtôt recevoir dans ses bras le témoignage de son amitié & de sa tendre reconnoissance.

Dom Pédre étoit trop animé

mé pour l'entendre ; comme Dom Alvar ne se défendoit que foiblement, il le saisit au colet, le terrassa, le menaçant de lui ôter la vie s'il n'avouoit tous ses crimes.

Dans ce moment une troupe d'Archers qui étoient dans le bois à la poursuite de plusieurs brigands, arriverent dans cet endroit ; les prenant pour ce qu'ils cherchoient, il les enchaînerent, les forcerent de marcher, sans aucun égard pour les menaces de Dom Pédre, ni pour les raisons que Dom Alvar employoit à leur faire connoître leur méprise. On les conduisit dans un Fort assez près de-là, on les mit dans le même cachot, en attendant, leur dit-on, qu'on les transferât dans la Capitale,

pour servir d'exemple à leurs semblables.

Ce fut-là que Dom Alvar, sans penser à se plaindre, plus occupé des reproches de son ami, que de son propre malheur, lui en demanda l'explication.

Dom Pédre, désespéré de l'ignominie où son emportement venoit de le conduire, ne la lui donna qu'avec toute l'amertume dont son ame étoit remplie.

Il lui apprit, qu'après son départ, il avoit été resserré plus étroitement dans sa prison; que plusieurs jours s'étoient passés en confrontation de témoins; qu'il avoit tous confondus; qu'enfin le Roi ne trouvant pas de preuves suffisantes pour le convaincre d'aucun

cun crime, il s'étoit contenté de l'exiler; qu'on ne lui avoit pas même permis de rentrer dans sa maison, quil avoit seulement appris qu'Elvire & Isabelle n'étoient plus à la Cour.

En cet endroit, Dom Pédre, dont l'humeur altiére s'aigrissoit par le récit de ses malheurs, dit sans ménagement à Dom Alvar que la conduite qu'il avoit tenue dans le tems de sa faveur, prouvoit assez son ingratitude & sa perfidie, pour qu'il pût l'accuser sans injustice d'avoir enlevé sa sœur & sa Maîtresse, qui étoient disparues le même jour que lui. Il ajouta à ce reproche tout ce que la prévention peut arracher à un cœur tendre, mais violent.

Il ne fut pas difficile à Dom Alvar de se justifier. Le simple

récit de ce qui s'étoit passé, ses regrets sur la perte d'Elvire, enfin la vérité toujours apperçue, quand elle est pure, ne laisserent aucun soupçon dans le cœur de Dom Pédre : L'amitié, les remords, les excuses succéderent à son emportement ; Dom Alvar aussi généreux que tendre, ne pensa qu'à effacer du cœur de son ami le noble désespoir qu'il témoignoit de l'avoir offensé. Réunis tous deux par la confiance, & même par le désespoir, ils ne penserent dès-lors qu'à se consoler mutuellement sur leur horrible destinée, & qu'à imaginer les moyens de faire revenir Alphonse de ses injustes préventions.

Le bonheur des Rois répondroit aux apparences, s'ils ne trouvoient

trouvoient en eux-mêmes les bornes de leur pouvoir. Alphonse, qui faisoit tant de malheureux, ne l'étoit moins que par l'impossibilité de l'être autant. Plus de six mois s'étoient écoulés, avant que les chagrins qu'il s'étoit occasionnés lui-même fussent diminués ; il crut enfin avoir acquis assez d'indifférence pour soutenir sans foiblesse la présence d'Elvire ; ou plutôt se trompant lui-même, il cherchoit à flatter son cœur par la vûe d'un objet qu'il ne pouvoit en arracher.

Il fit avertir la Reine Douairiere qu'il iroit le lendemain lui rendre une visite. Il lui donnoit rarement cette marque de respect ; aussi cet événement répandit une joye générale dans sa triste Cour. La vieille Rei-

ne, qui, comme tous les gens de son âge, tenoit encore au monde pour en sçavoir les nouvelles, mesurant la quantité qu'elle en apprendroit par la durée du tems qu'elle passeroit avec son petit-fils, voulut prévenir son arrivée; elle fit apprêter ses équipages, aussi délabrés que son château; & le jour marqué, elle se mit en chemin pour aller à la rencontre du Roi; Elvire & Isabelle étoient du voyage.

La triste Elvire rêvoit profondément aux moyens de tirer du Roi, ou de quelqu'un de sa suite, des éclaircissemens sur le sort de son frere & de son Amant; jusques-là elle n'avoit pû en apprendre aucunes nouvelles.

Ses regards étoient sans dessein,

sein, quand tout-à-coup frappée de la rencontre la moins attendue, elle fit un cri, en s'élançant hors de la voiture, qui par bonheur étoit fort basse. Elle fut en un instant au milieu d'une troupe d'Archers qui conduisoient deux prisonniers; le changement de leur visage, l'horreur de leurs habillemens, les fers dont ils étoient chargés, ne l'avoient pas empêchée de les reconnoître. Mon frere, s'écrioit-elle, ô Dieux! mon cher frere! est-ce vous? Elle le tenoit dans ses bras qu'elle en doutoit encore. Son premier mouvement fut la joye de retrouver tout ce qu'elle aimoit; mais bientôt frappée de l'appareil d'infamie qui les entouroit, il sembla que sa vie ou sa raison alloient l'abandonner. Sai-

ſie d'effroi, elle les quittoit pour appeller le ciel & la terre à ſon ſecours. Elle revenoit à Dom Pédre, le ſerroit plus étroitement dans ſes bras, nulle ſuite dans ſes penſées, nul ordre dans ſes paroles, ſa douleur étoit un délire.

Dom Pédre montroit moins de foibleſſe, mais le déſeſpoir étoit peint dans toute ſon action; des mots entrecoupés exprimoient tour à tour ſa fureur, ſa honte & ſon attendriſſement. Dom Alvar, malgré le poids de ſes chaînes, étoit aux pieds d'Elvire, il tenoit une de ſes mains qu'elle lui avoit abandonnée, il la baignoit de ſes larmes; Elvire jettoit de tems en tems ſur lui des regards mêlés de complaiſance, d'horreur & de tendreſſe: Alvar, diſoit-elle,

elle, que nous ſommes malheureux ! Ils étoient tous trois trop occupés d'eux-mêmes pour appercevoir ce qui ſe paſſoit auprès d'eux.

La Reine ſurpriſe de la fuite précipitée d'Elvire, avoit fait arrêter pour en ſçavoir la cauſe. Iſabelle, après avoir reconnu les priſonniers, étoit deſcendue ; elle couroit pour joindre ſes careſſes à celles de ſon amie, lorſque le Roi arrriva.

Ce Prince avoit vû de loin ce qui s'étoit paſſé ; il avoit cru reconnoître Elvire ; mais ne comprenant rien à ſa démarche, il avoit pouſſé ſon cheval pour s'éclaircir plûtôt ; ſon impatience ne lui avoit pas permis de s'arrêter avec la Reine ; il ne fit que la ſaluer en paſſant, & rejoignit Iſabelle au moment qu'elle

qu'elle arrivoit. Voyez, lui dit-elle, le fruit de vos caprices. Vous en devriez mourir de honte & de regret; mais vous êtes Roi.

Alphonse reconnoissant alors ses malheureux Favoris, se sentit combattu de sentimens si opposés, que ne voulant céder à aucun, il alloit s'éloigner, lorsque Dom Pédre levant les yeux à la voix Isabelle, plus saisi de fureur que d'étonnement de se voir près du Roi, il lui cria avec le ton du désespoir: Arrêtes, cruel, repais tes yeux de l'état horrible où tes injustes préventions nous ont conduits; tu veux usurper le nom de Pacifique, & tu mérites mieux celui de Cruel que ton prédécesseur; il n'a versé que du sang, & tu déchires les cœurs. Ton amitié est une

une tyrannie, tes bienfaits sont des malheurs, & notre reconnoissance un supplice.

Au premier mot que Dom Pédre avoit prononcé, Elvire éperdue l'avoit quitté pour se jetter aux genoux du Roi, qu'elle tenoit fortement embrassés : Ah ! Sire, lui crioit-elle, ne vous offensez pas des paroles que le désespoir arrache à mon malheureux frere ; son crime ne commence que de ce moment ; pardonnez tout à l'excès de son infortune ; vous l'avez aimé. Ah, Dieux ! jettez les jeux sur lui ! vous aimez la vertu, secourez-la. Mes larmes ma douleur nos malheurs ... hélas ! ils sont sans bornes !

... Le Roi, plongé dans une profonde rêverie, ne répondoit que par des regards sombres &

diſtraits, qu'il jettoit alternativement ſur le frere & la ſœur. Elvire, perſuadée qu'ils annonçoient la perte de ce qu'elle avoit de plus cher, n'écoutant que ſon déſeſpoir, fut ſe jetter entre ſon frere & ſon Amant. Je ne veux plus t'entendre, tyran infléxible, continua-t-elle en parlant au Roi; nous expirerons à tes yeux; mais tu ne ſeras pas le maître du moment, nous te ravirons le plaiſir barbare de l'ordonner....

Non, vous ne mourrez pas, s'écria le Roi, vous êtes plus mes tyrans que je ne ſuis le vôtre, mes regrets me rendroient plus malheureux que vous, ſi mon juſte reſſentiment triomphoit de ma clémence. Voyez, Madame, continua le Roi en s'approchant d'Elvire, voyez ſi votre

votre frere étoit coupable ; voyez s'il mérite la grace que je lui accorde. Elvire prit un papier que le Roi lui présentoit, & que Dom Alvar reconnut aussitôt pour le fatal projet de conjuration, qui avoit couté la vie à son pere. Ah ! Sire, s'écria-t-il, quelle preuve plus convaincante pouviez-vous avoir de l'innocence de Dom Pédre ? En même tems il apprit au Roi l'origine de ce funeste écrit ; il lui fit remarquer qu'étant sans nom & sans date, il n'avoit pas été difficile aux ennemis de Dom Pédre d'en imposer au Roi en rapprochant les circonstances. Cela doit être vrai, Sire, dit Isabelle, quand Dom Alvar eut cessé de parler ; car j'ai trouvé ce papier dans la forêt le même jour que nous

y rencontrâmes Dom Alvar ; voyant qu'il étoit écrit en Portugais, que je n'entens pas., la curiosité me le fit donner à Dom Rodrigue pour le traduire. Mille occupations sérieuses que j'ai eues depuis, m'ont fait oublier de le lui reprendre. Voilà comme les Rois, ajouta-t-elle en haussant les épaules, croient faire grace quand ils ne font que justice.

O Ciel, s'écria Alphonse, que le Trône renferme d'écueils pour la vertu ! Me pardonnerez-vous mon erreur, belle Elvire, lui dit-il, en prenant sa main qu'il présenta à Dom Alvar, ne suis-je pas assez puni par la perte de votre cœur ? en vous unissant à ce que vous aimez, est-ce assez expier mon crime ? Allons, continua-t-il, (en détachant

tachant lui-même les fers de ses Favoris, & ne dédaignant pas de les embrasser) venez éprouver si la vertu m'est chere. L'excès de mes bontés surpassera celui de vos malheurs : Aimez-moi, s'il se peut ; mais dussiez-vous être ingrats, le bonheur d'en faire, surpasse la peine d'en rencontrer.

LA VERITÉ AU FOND D'UN PUITS.

Histoire Egyptienne.

CErtain habitant des bords du Nil avoit pour toute fortune une petite maiſon, un grand enclos, un beau canal, & l'ame naturellement gaye ; il ſe trouvoit fort riche. Un jour c'étoit pendant le grand chaud de l'été, s'étant retiré dans une grote qui étoit au bord de ce canal, il vit une belle grande carpe, mais grande comme une perſonne ; ce qu'on remarquoit encore davantage, c'étoit ſes yeux, jamais on n'en avoit vû de ſi tendres. C'eſt de-là qu'on

a

a dit des Amans qui regardent tendrement leur Belle : *Qu'ils font des yeux de carpe frite.*

L'Egyptien enchanté de cette merveille ne put se contenir. La curiosité entend quelquefois assez mal ses interêts ; il s'avança hors de la grote & la carpe disparut. Il sentit alors un trouble qu'il ne pouvoit comprendre. Par les trois Graces, s'écria-t'il, quelle charmante carpe ! Au mot de charmante, la carpe revint un moment, & du bout de sa queuë fit jaillir de l'eau jusques sur le nez de l'Egyptien, mais en très-petite quantité ; comme si c'étoit un remerciment de la fleurette qu'elle venoit d'entendre.

La nuit arrivoit, elle se passa, & l'Egyptien qui n'avoit pas fermé l'oeil un moment, étoit

avant le jour à considérer au travers d'une jalousie le canal où la carpe s'étoit replongée.

A peine le Soleil fut-il un peu élevé sur l'horizon, qu'un grand aigle vint s'abattre au bord du canal. La belle carpe sauta sur le rivage, l'aigle s'approcha & lui présenta un billet qu'elle prit avec empressement. L'Egyptien attentif comme on peut le juger, la vit à plusieurs reprises lire, s'interrompre, & chaque fois faire un saut extrêmement agréable; c'est ce qu'on a appellé depuis, *le saut de la carpe*; elle prit tout de suite la parole: Mon fils, dit-elle au grand aigle, dites à Jupiter que Venus est charmée de cette agréable nouvelle: Nous pourrons bien-tôt nous démétamorphoser, continua-t'elle en voyant arriver

arriver trois autres animaux qui la joignirent. Venez, auguste Junon (c'étoit une vache) approchez, sage Diane (c'étoit une chate) & vous aussi Mercure (c'étoit un grand oiseau *) Enfin les Geans sont foudroyés, leur chef seul respire encore, mais avec assez de difficulté! il a sur la poitrine deux fort grandes montagnes: de façon qu'on ne lui donne guere que quinze jours à vivre.

L'Egyptien enchanté de ce qu'il venoit d'entendre, courut se présenter à la troupe travesstie: Mon cœur vous avoit reconnu, dit-il à la belle carpe, Venus ne sçauroit se cacher. Venus & sa troupe le reçurent à merveilles, & passerent quel-

* L'oiseau appellé Ibis chez les Egyptiens.

ques

ques jours dans sa retraite, gardant encore leur figure empruntée. Enfin la mort de Typhon déclarée, les métamorphoses cesserent ; mais avant que de quitter l'Egyptien, on songea à lui faire des présens considérables. Diane voulut montrer l'exemple ; elle prit dans sa dépouille de chate les deux pattes de devant : mortels heureux, dit-elle, je vous donne ces deux admirables griffres ; apprenez de quelle importance elles vont être pour les mœurs. Une femme qui sera assez heureuse pour les avoir portées un seul jour en pendans d'oreilles, n'aura jamais rien à craindre des hommes les plus aimables & les plus pressans, s'ils osent lui adresser des lorgneries ou lui écrire des déclarations ; à

l'instant

l'instant une griffe ira leur crever un œil tout au moins. Vous concevez bien qu'un pareil talisman sera recherché par toutes les Dames de la Cour d'Egypte. Elles s'empresseront d'être de vos amies.... Je vous suis garant, dit Mercure, qu'il vivra comme un hibou s'il n'a que ce moyen de se faire valoir dans le monde. Les femmes réellement vertueuses n'ont pas besoin de griffes, leur conduite suffit pour les défendre. A l'égard des femmes moitié foibles & moitié rigides, que leur serviroient toutes les griffes du monde? N'auroient-elles pas toujours la ressource de faire *patte de velours*.

Junon alloit prendre la parole pour n'être de l'avis ni de l'une ni de l'autre, lorsqu'elle apperçut

apperçut une grande figure qui traversoit les airs enveloppée dans plusieurs voiles, la plûpart fort épais, quelques-uns à travers desquels on pouvoit la reconnoître. Eh, voilà la Verité, s'écria Junon! Les Geants l'ont contrainte comme nous d'abandonner le Ciel: Elle vient bien à point nommé, pour nous acquitter de ce que nous devons à ce sage mortel. Nous allons vous laisser la Verité, dit-elle à l'Egyptien, vous la promenerez dans le monde, & les mortels enchantés iront au devant de vous. Les mortels, interrompit Mercure, vous leur faites bien plus d'honneur qu'ils ne méritent. Je vous déclare qu'ils recevront fort mal la Verité, croiriez-vous bien qu'avec toute ma friponnerie

nerie (je veux dire mon éloquence) j'ai une peine infinie à leur faire supporter la moindre critique sur leurs plus légeres imperfections. Jugez du succès qu'aura la Vérité, quand naïvement & séverement elle fera le procès aux vices, ou démasquera de fausses vertus. Donnez-lui du moins la Prudence pour compagne, & que ce soit cette derniere qui porte la parole. Mercure ne fut point écouté, & comme il avoit raison, il abandonna volontiers son sentiment.

Voilà donc la Vérité habitante de la terre avec l'Egyptien. Sa premiere démarche fut de se manifester dans les Cours; c'étoit débuter avec courage, elle n'y fit pas de long séjour, l'air des Cours lui

étoit,

étoit, dit-on, extrêmement contraire ; c'est tout ce que son conducteur a rapporté de cette partie de leurs voyages. Il ajoute seulement que dans telles Cours où les Souverains mêmes se plaisoient avec elle, on lui faisoit faire tant de détours lorsqu'on étoit obligé de la mener aux pieds du Trône, que le plus souvent elle y arrivoit exténuée au point de n'être point reconnoissable.

La Vérité fort mécontente de sa premiere sortie revint dans la solitude de l'Egyptien; elle lui faisoit de grandes excuses des dégouts qu'il avoit éprouvés à sa suite. Ne vous reprochez rien, lui dit-il, quand on est assez heureux pour vous aimer, on s'attache à vous pour vous-même. Après quelques jours

jours de repos, ils voulurent tenter une seconde sortie; ils allerent se mêler parmi les simples Citoyens. La Vérité avoit promis de se taire, à moins qu'elle n'eût occasion de dire des choses obligeantes; elle tint parole, c'est-à-dire, qu'elle étoit des jours entiers sans ouvrir la bouche. Cette conduite cependant lui réussit fort mal. Il n'étoit pas en elle de changer sa phisionomie: Dès qu'elle trouvoit de ces gens qui se parent d'un faux dehors de vertu, ou qui croyent montrer de l'esprit, quand ils disent des miseres avec confiance; ce qu'elle pensoit se peignoit si naïvement sur son visage, qu'ils y lisoient à découvert tout leur manége, toute leur fausseté, & ce qui les

les mortifioit encore davantage tous leurs ridicules ; ainsi la Vérité ne tarda gueres à se voir décriée assez généralement : Les uns, & c'étoit les gens moderés, convenoient qu'effectivement elle étoit grande tracassiere ; d'autres fâchés de ce qu'on la jugeoit avec trop de séverité, assuroient que ce qu'elle avoit de rebutant venoit plutôt d'une sorte de naïveté bête, que d'un fonds de méchanceté. On prétend qu'il y a encore de ces bons caracteres, qui ne vous défendent sur un défaut que vous n'avez point, & dont on vous accuse, qu'en vous jettant un ridicule qu'on ne s'étoit pas encore avisé de vous donner.

La Vérité imagina un moyen de ne plus révolter les esprits.

Je

Je vais, dit-elle à l'Egyptien, me montrer aux hommes sous des formes différentes de la leur. Cette nouveauté les engagera à m'écouter ; ils ne seront pas en garde contre mes leçons, ils en profiteront sans croire les avoir reçûes. Ce projet arrêté ils se logerent dans une grande salle qui donnoit sur une place publique. L'Egyptien se manifestoit sur la porte, & tenant en main une baguette, il montroit un tableau sur lequel étoit cette inscription, *Palais de la Fable*; c'est le nom que la Vérité avoit pris. Entrez, disoit-il aux passans, *vous verrez ce que vous ne croirez point voir*. On entroit & la Vérité prenoit différentes figures ; tantôt elle étoit à la fois *renard*, *corbeau & fromage*. Dans d'autres

occaſions *bœuf & grenouille :* & joignant à ces fauſſes apparences un langage ingénieux elle débitoit les mêmes maximes que les hommes avoient rebutées lorſqu'elle leur parloit ſous ſa propre figure : cette ſingularité réuſſit d'abord aſſez ; gens de bel air voulurent avoir une ménagerie de pareils animaux ; mais de tels ſuccès ne durerent pas long-tems. Les animaux parlans furent bientôt réduits à n'avoir de commerce qu'avec *les mies & les petits enfans* qui repetoient ſans y rien comprendre. Les converſations *du loup & de l'agneau.* Les parens s'extâſioient d'admiration, les ſpectateurs bâilloient d'ennui, l'enfant ne devenoit que plus ſot ; c'étoit-là tout le fruit de cette comédie.

La Vérité ainsi méconnue, négligée, reprit une forme humaine, mais pour intéresser les gens qui sçavoient penser, elle voila ses orales sous des idées, ou des faits qui donnoient quelque exercice à l'esprit; il fallut prendre encore un nom supposé, elle imagina de se faire appeller *l'allégorie*.

L'Egyptien marque dans sa relation qu'il y avoit alors à *Memphis* quelques maisons où le sçavoir, les talens faisoient le fond du commerce; mais sans exclure aucun autre genre de mérite. Si on y montroit de l'esprit c'est uniquement parce qu'on en avoit & non par l'ambition d'en faire paroître; ainsi l'esprit évitoit les trois défauts qu'il a le plus à craindre, il n'étoit jamais déplacé, mépri-

ſant ni tyrannique.

L'Hiſtorien dit enſuite qu'il y avoit d'autres maiſons, où les gens n'étoient qu'eſprit : ce n'eſt pas qu'ils en euſſent ſupérieurement, mais c'eſt qu'ils vouloient en avoir ſans ceſſe.

C'eſt dans cette derniere ſocieté que la Vérité fut d'abord produite ; comme on y cherchoit à plaire ſur tout aux nouveaux venus, après avoir étalé tout ce qu'on croyoit propre à enlever ſon ſuffrage, on l'engagea à dire ſon ſentiment ſur le mérite de l'eſprit ; elle prit ainſi la parole.

Jadis un triſte autel, chez un peuple aſſez ſage,
Au Dieu de l'ennui fut dreſſé ;
On croyoit, lui rendant un volontaire hommage,

s'exem-

S'exemter d'un culte forcé.
La fête est annoncée, on demande un grand Prêtre,
Personne ne s'offrit à cette dignité,
Les ennuyeux n'imaginent point l'être
Un Philosophe consulté,
Leur dit : Hé prenez-moi : sans doute que j'ennuie ;
Mais j'ai bien des Rivaux dans la societé ;
Venez, venez, gens qui passez la vie
A rechercher l'esprit dans vos moindres propos,
Vous ennuyez, s'il faut que je le die,
Mieux encore que ne font les sots.
On le crut; à l'instant dans ce temple funeste

Ces

Ces sacrificateurs sont installés par
lui.
Les autels ne sont plus, mais hélas! il nous reste
Bien des Ministres de l'ennui.

Il ne fallut pas beaucoup d'imagination pour sentir ce que l'allégorie vouloit faire entendre. On se souleva contre elle, elle fut persiflée, éconduite & malheureusement dans d'autres societés où elle employa de pareils subterfuges, on ne la traita pas avec plus d'égard. Ne nous décourageons pas, dit-elle, pour guérir les mortels de leurs erreurs, servons-nous de leurs erreurs mêmes. Je commence ma nouvelle carriére; regardez-moi bien : à ces mots elle fut changée en une petite Vieille qui avoit tout-à-fait l'air de gaïeté.

Sous cette nouvelle forme ; & s'appuyant ſur ſon fidéle compagnon, elle arriva dans le Palais d'une Princeſſe de *Phenicie*; on lui demanda qui elle étoit: mon nom, répondit-elle, c'eſt la bonne *Fée*, & mon métier c'eſt de faire des choſes merveilleuſes.

Dans ce tems-là les Princeſſes étoient fort ſujettes à s'ennuyer. *Aſterie*, c'eſt le nom de celle-ci, envoya chercher la bonne Fée, la vit, la queſtionna, ne l'écouta point, la trouva ennuyeuſe, & ſe mit à entretenir une grande autruche qu'elle avoit élevée: Princeſſe, dit la petite Vieille, prêtez un moment d'attention à la bonne Fée: croiriez-vous bien que toute décrépite qu'elle eſt, ſa condition vaut encore mieux que la vôtre ?

vôtre ? Vous tombez alternativement dans deux extrêmités bien fâcheuses, à dire vrai : plongée dans une langueur létargique, tout vous devient indifférent hors votre état, qui vous paroît toujours insupportable : sortez-vous de cet accablement, c'est pour être agitée par des fantaisies qui ne vous durent qu'autant qu'il faut pour en être tourmentée, les perdre avec dégoût, & retomber plus tristement que jamais dans ce malheureux abbattement qui vous désole. Il est vrai, répondit Asterie, que si les Princesses pouvoient s'occuper des choses qu'elles aiment, & se passer de celles dont elles ne se soucient pas, elles se croiroient les plus heureuses personnes du monde. Si vous pouviez prendre

dre confiance en moi, repliqua la bonne Fée, vous seriez bientôt délivrée des miseres de votre condition: Tenez, *voilà une Epingle*: portez-la sur votre manche gauche, la pointe tournée du côté du coude: voici quelle en est la proprieté: tous les souhaits que vous formerez intérieurement, elle les accomplira aussi-tôt. Mais ce présent est bien plus considérable encore; promettez-moi de n'en faire usage que quand vous vous verrez dégoûtée de l'autre. C'étoit une petite table de saphir couverte d'une plume de Phénix. La Princesse se jetta sur les présens; promit avec autant de précipitation, & la bonne Fée se retira.

Asterie croyoit posséder dans l'*Epingle* tout ce qui fait le bon-

heur inaltérable : elle n'avoit qu'à souhaiter ; il semble que rien n'est si simple & si facile ; c'est ce qu'il faut approfondir.

Comme Asterie n'avoit pas la tête bien rangée, & que les choses arrivoient selon le désordre de ses idées, toute sa journée étoit remplie par une confusion d'événemens précipités, bizarres, ridicules, qui se croisoient, qui se détruisoient l'un l'autre. Cette agitation l'amusa d'abord, & ne tarda guéres à l'impatienter *à outrance* ; c'étoit sa maniere d'exprimer la moindre petite peine qu'elle éprouvoit ainsi que la plus grande. On ne le croiroit pas : pour ajouter au malheur des gens qui ne sçavent pas se rendre heureux il ne faudroit que leur donner le pouvoir de réaliser toutes leurs fantaisies.

Enfin

Enfin Alterie se détermina à se défaire de l'Epingle enchantée; elle fit venir la Fée. Regardez la tablette de saphir, dit la petite Vieille, vous y trouverez le seul remède à votre maladie. La Princesse apperçut des caractères formés par des étincelles de lumière, qui se renouvelloient sans cesse, & elle lut les vers que voici :

Dans vous-même cherchez le bonheur véritable,
Tout autre enchantement n'est qu'une trahison;
L'Epingle la plus secourable
L'est beaucoup moins que la raison.

Ah! de la raison, dit la Princesse : Et qui êtes-vous, pour me proposer de la raison ? Hélas ! répondit la petite Vieille ;

 j'ai

j'ai le malheur d'être la Vérité. Dites la mauvaise humeur, l'injustice, la satire, s'écrierent tous les Courtisans. Alors se rappellant toutes les avantures fâcheuses que la Vérité s'étoit attirées depuis qu'elle étoit sur la terre, grands & petits se mirent à l'outrager, à la poursuivre tant & si bien, qu'en fuyant elle fut trop heureuse de rencontrer un puits où elle se précipita. Quelqu'un veut-il l'en tirer ?

LETTRES PILLÉES

LETTRE A M.***.

VOus m'avez ordonné, Madame, de vous écrire à votre Campagne ; je ne puis vous donner des nouvelles de Paris ; il est si désert, qu'il seroit difficile de trouver quelque évenement digne de vous être mandé. Les affaires, l'inquiétude ou la maladie y retiennent le peu de monde que l'on y voit encore ; & les gens plus heureux sont allés aussi bien que vous, jouir de cette douce liberté que j'envie si fort ; c'est donc de la Campagne que nous

 atten-

attendons à préſent les nouvelles agréables; & je n'ai d'autre reſſource pour vous obéir, que d'avoir recours à mon peu d'imagination. On ne peut être moins aſſuré que je le ſuis, de réuſſir dans mon projet; mais je compte ſur votre indulgence & ſur celle de votre aimable amie, qui eſt ſi digne de partager votre délicieuſe retraite. J'ai vû que vous aimiez les contes de Fées; recevez quelques fragmens que je viens d'imaginer: amuſez-vous à les achever, à corriger, à ſupprimer, vous en êtes capables l'une & l'autre, & je ſuis ſûr de retrouver avec un grand plaiſir une ébauche que vous aurez ſi heureuſement terminée.

FRAG-

FRAGMENS DE ZEPHIRE ET DE NOMPAREILLE,

CONTE.

IL étoit une fois un Prince & une Princesse, j'ignore absolument l'heureux pays qui les fit naître; je sçai que Zéphire étoit le nom du Prince, & qu'il vint au monde en faisant un grand éclat de rire, & que la Princesse Nompareille étant plus posée, ne fit rien d'extraordinaire en paroissant au jour, suivant ce que j'en ai pû découvrir. Ils furent très bien élevés

dans les différens pays qui leur donnerent le jour; ils se virent, & ce fut apparemment dans un voyage que fit le Prince; ils s'aimerent sans peine, car ils étoient aussi beaux que bienfaits; & leur amour éprouva plusieurs traverses, plus considérables pour eux-mêmes, qu'intéressantes pour l'histoire. La plus grande, & celle qui mérite le plus d'être rapportée, leur fut causée par une Princesse connue sous le nom d'Infante Déterminée. On sçait que ce nom convenoit parfaitement à son caractére; elle étoit vive, emportée, incapable d'être retenue par aucune considération, prenant sur le champ son parti, & n'écoutant jamais ni scrupule ni remords; il me semble, car dans la vérité je n'en suis pas certain, qu'elle

qu'elle étoit cousine de Nompareille ; mais il est vraisemblable que sa parenté étoit la seule cause des égards que la Princesse avoit toujours eus pour elle. Cette Infante, emportée sans doute par quelque fantaisie nouvelle, dont vous aurez la bonté de nous donner le détail, voyageoit depuis six mois au grand soulagement de tout le Royaume, car il n'y avoit ni grand ni petit qu'elle n'incommodât. Elle trouva le Prince établi à la Cour quand elle y revint ; & sans examiner ni ses goûts ni son humeur, encore moins le rapport qu'il pouvoit y avoir entre eux, elle résolut de l'aimer, ou, pour mieux dire, de s'en faire aimer. Elle ne fut pas long-tems sans apprendre l'amour qu'il ressentoit pour la

belle

Belle Nomparelle : cette découverte lui fit avoir recours à la vieille Fée Mordante, qui n'avoit point de plus grand plaisir que celui de brouiller les Amans, & même les amis quand elle pouvoit y réussir : elle se plaisoit dans le trouble, semoit la division, & aimoit les tracasseries, qu'elle regardoit comme une voie sûre pour conduire à la haine ; elle avoit auprès d'elle un grand nombre de jeunes gens de l'un & de l'autre sexe ; elle les avoit choisis à tête légere, & les douoit de la plus grande curiosité ; elle ne s'occupoit que du soin de les rendre bavards ; & quand elle les trouvoit assez formés, c'est-à-dire insupportables, elle les envoyoit dans le monde, avec ordre de lui rapporter exactement

tout

tout ce qu'ils avoient vû, entendu, remarqué, & même imaginé ; car malgré son pouvoir elle ne pouvoit être partout. Ensuite elle faisoit usage elle-même des nouvelles qu'elle avoit apprises, non sans avoir indiqué auparavant à ces jeunes gens l'interprétation maligne qu'il falloit donner aux démarches les plus simples, le point sur lequel il falloit appuyer, la façon dont il étoit nécessaire de sous-entendre dans la conversation pour établir un doute, donner un soupçon, le tout avec l'air de l'intérêt & la demande du secret, suivant enfin toutes les regles de cet art pervers, le tourment des sociétés, & qui semble, depuis que cette vieille Fée l'inventa, s'être perpétué jusqu'ici dans sa force.

Je

Je ne dois point finir cet article de la Fée Mordante, sans dire qu'elle avoit pour principe que rien n'étoit indifférent, & pour excuse, que l'on pouvoit juger de ce que l'on voyoit. Elle écouta donc avec plaisir tout ce que l'Infante Déterminée lui raconta ; & quoique cette Princesse fût déja très en colére de voir ses charmes & ses avances méprisées par Zephire, qui n'étoit occupé que de Nompareille, Mordante sçut aisément la révolter encore davantage. Malgré son goût pour la méchanceté, elle lui préféroit souvent la tracasserie, celle-ci étant presque toujours d'une plus grande durée, & souvent plus difficile à détruire : mais quand elle fut bien instruite par l'Infante, elle trouva que deux Amans qui s'aimoient

moient si parfaitement, & dont la confiance étoit si bien établie, étoient fort difficiles à brouiller, il lui parut aussi qu'il étoit fort dangereux d'avertir le Roi pere de Nompareille, & de chercher à l'irriter contre l'amour de Zéphire, suivant les projets de l'Infante Déterminée : le mariage de ces heureux Amans étoit convenable de tout point, & il falloit bien se garder de faire aucune démarche qui pût en hâter la conclusion. L'affaire étoit d'autant plus délicate, qu'il étoit dangereux de rien proposer de trop sérieux dans la Cour de ce Roi ; on auroit par ce moyen terminé le mariage au plûtôt, dans la seule vûe de n'en plus entendre parler. On dansoit continuellement à cette Cour, ou plutôt on y sautoit tou-

toujours ; c'étoit l'usage établi dans ce pays, c'étoit la marque du plus profond respect, & les plus belles caprioles étoient la preuve du plus grand dévouement ; le service de Sa Majesté auroit pû souffrir d'une telle démarche ; on ne lui présentoit donc aucune des choses qui lui étoient nécessaires qu'à cloche-pied, l'adresse & la jeunesse étoient par conséquent indispensables pour posséder les plus grandes Charges de sa Maison ; au reste, tous les applaudissemens que l'on donnoit à ce Monarque ne se témoignoient que par le bruit des castagnates, par des chants & par le son des instrumens ; tous jusqu'aux sifflets étoient reçus, & quand on n'en sçavoit pas jouer, on en étoit quitte pour faire ce

que

que les Musiciens appellent un *a vuide*; ainsi l'on entendoit continuellement un concert, ou plûtôt un bruit qui n'étoit pas toujours agréable, car la flatterie habitoit les Cours dès ces tems reculés. Il faut cependant avertir que pour éviter le charivari, suite nécessaire d'un aussi grand nombre d'instrumens, le Grand-Maître de la Maison du Roi avertissoit la Cour, & disoit tous les matins; c'est en *A mi la*, en *G re sol fa* que le Roi veut être loué aujourd'hui. Malgré cette sage précaution, on doit être persuadé qu'il ne fut jamais de Cour plus bruyante, plus en mouvement, & dans laquelle une tracasserie fût plus difficile à établir. Quelque accoutumé que l'on fût à sauter, la plus grande partie des Cour-

tisans sautoient encore d'une façon très-maussade, & rien n'étoit si pésant, ni de si ridicule que les sauts des Magistrats, des Chambres de Justice & des Parlemens qui vouloient obéir & conserver leur dignité, surtout quand ils venoient faire des remontrances au Roi sur des affaires qui pouvoient être d'autant plus susceptibles de représentation, qu'elles avoient toujours été déterminées en sautant.

L'amour au contraire régla tous les pas de Zéphire, & comme il étoit né avec de la grace à tout ce qu'il faisoit, il inventa la véritable danse, & sçut former des pas agréables & convenables aux différens motifs dont il étoit animé auprès de Nompareille; ainsi Zéphire, qui s'étoit aisément

ment conformé à l'usage de cette Cour, abordoit la Princesse avec des coplés, & la conduisoit dans les appartemens avec des balancés & des pas de menuets, &c. Cependant la Fée Mordante n'oublioit point la parole qu'elle avoit donnée à l'Infante Déterminée, de ne rien négliger pour brouiller & séparer ces deux Amans; elle sçavoit très-bien qu'une tracasserie par son essence doit avoir une minutie pour objet, & que plus cette minutie est legere, non seulement son auteur a plus de mérite, mais que l'altération qu'elle a fait naître, rend les éclaircissemens plus difficiles. Elle imagina donc un enchantement, ou plutôt un tournois d'une nouvelle espéce. Des Chevaliers à

barbe blanche parurent un jour dans la salle du Château, ils précedoient quarante belles Demoiselles qui descendirent de leurs hacquenées, selon l'usage des anciens Romans. Elles s'acquitterent de leur compliment avec tant de graces que le Roi leur accorda le don qu'elles lui demanderent; elles établirent en conséquence un grand arc de triomphe dans la cour du Palais, & déclarerent que c'étoit l'enchantement de la veillée, pour remporter le prix qui consistoit en une belle paire de galloches de diamans; il falloit veiller trois jours & trois nuits. Une cour aussi allerte & aussi animée que celle dont je viens de donner une legere idée, accepta la proposition avec beaucoup de joye, & tout le monde

se trouva que les galloches étoient trop faciles à gagner; l'extérieur de l'arc qui fut élevé étoit de la plus belle architecture, le dedans étoit delicieusement orné, il parut éclairé de mille bougies, les parfums, les agrémens recherchés & les commodités de la vie y brilloient de toutes parts. On accourt de tous les côtés, & l'on s'empresse tous les jours pour voir des objets moins agréables que celui-ci. Toute la Cour se trouva dans le sallon au jour marqué, & redoubla les pas pour s'y rendre; les hommes avoient, suivant l'ordre prescrit, leurs écus; & les femmes, pour obéir au même réglement, n'oublierent pas leurs évenails; jamais la Cour ne parut si magnifique; les quarante belles filles

 les

les & les Chevaliers qui devoient donner le prix au vainqueur n'en diminuoient point l'éclat, & comme le salon représentoit & supposoit la nuit, le Roi y donna toutes sortes de liberté, dispensa de sauter, & permit de jouer, de manger, & de s'entretenir à son gré; ainsi la conversation, la danse, la bonne chere & la vivacité brillerent à l'envi dans tous les coins de ce superbe salon.

Tout le monde avoit sauté tout le jour, aussi malgré tant de beaux objets & tant de choses agréables, tous les hommes ne purent résister au sommeil; Zéphire lui-même succomba, non des premiers, mais enfin il s'endormit malgré tous les efforts de la plus belle résistance. Nompareille en fut picquée, & c'est

c'est la premiere tracasserie que le Prince & elle eurent ensemble ; quelques femmes de la Cour succomberent aussi ; & l'on vit le lendemain sur la porte de l'arc de la veillée, tous les écus & les éventails de ceux qui n'avoient pû résister au sommeil ; sur lesquels on lisoit : Tel a veillé tant de tems, mais il a dormi. Enfin les galloches ne furent accordées à personne ; car les femmes étant sorties d'impatience, on pouvoit supposer qu'elles étoient allé dormir ; cependant elles étoient en général trop piquées d'avoir été témoins d'un sommeil qu'elles avoient l'injustice de regarder comme une insulte à leurs appas ; ainsi la troupe partit & emporta ses belles galloches, en disant qu'elle alloit chercher un

pays

pays plus éveillé ; Mordante n'avoit voulu que faire naître quelque division entre Déplaire & Nompareille, elle y réussit ; c'est tout ce que j'en sçais ; j'ignore les détails de leurs reproches, il me suffit pour ce moment d'être assuré qu'une chose aussi peu considérable dans son commencement fût suffisante pour établir une tracasserie que la Fée eut grand soin d'entretenir & de conduire jusqu'aux reproches amers, & même jusqu'à l'aigreur.

L'amour surmonte ordinairement ces petites altercations, & ce n'est même qu'à la longue, & faute d'éclaircissement qu'elles peuvent inspirer de l'éloignement & du dégoût. Cette façon d'agir n'étant pas assez vive au gré de l'Infante Déterminée,

minée, qui vouloit absolument se venger des mépris de l'un, & des avantages que l'autre avoit sur elle, elle trouva le secret de les séparer; j'avoue que j'ignore les moyens qu'elle employa pour y parvenir, mais on ne m'a point caché que dans tous les malheurs qu'ils eurent à soutenir, une bonne Fée qui avoit doué Nompareille, la fit passer par l'enchantement de l'espérance, on n'a pû m'en donner la description, Dieu veuille que vous me l'envoyiez de votre retraite.

Cette même Fée pour sauver Zéphire & Nompareille d'un danger éminent, les fit voyager d'une façon nouvelle, mais bien sûre, car elle les renferma dans un grelot. Une autre fois pour soulager les ri-

gueurs

gueurs d'une absence, elle leur fit présent à chacun d'une bague qui refléchissoit toutes leurs actions dans la Lune, ce qui leur fut d'un fort grand secours; je trouve enfin dans mes Memoires qu'ils furent conduits dans le lit des Merveilles par l'Infante Déterminée elle-même; la bonne Fée voulut absolument contraindre cette Princesse à cette cruelle démarche pour la punir, & cette punition lui parut un effet si terrible, que de rage elle se jetta par la fenêtre. Ce dernier trait est vrai, cependant bien des gens sont persuadés que cette Princesse fut mariée, & qu'elle a laissé une postérité fort étendue.

Voyez, Madame, combien vous avez de choses à faire pour rendre cette bagatelle amusante,

te, vous ſerez peut-être plus ſenſible au plaiſir de critiquer ces fragmens, qu'à la peine d'y travailler : qu'importe ſi l'un vous amuſe plus que l'autre; je n'ai, je vous jure, aucun autre objet que votre amuſement.

J'ai l'honneur d'être....

SUR DES FEUILLES DE SPECTATEURS.

MONSIEUR,

Les Corſaires ont coutume de s'éviter quand ils ſont à la mer, mais quand ils s'acharnent au combat, ordinairement il devient terrible. C'eſt à un de ces combats que je compare notre derniere converſation ; vous êtes Miſantrope, reconnu pour tel, charmé de l'être, puiſque le goût & le tempérament vous y portent également. Quant à moi, je le ſuis & peut-être plus que vous, quoiqu'avec moins d'affectation.

Que ne dois je donc point vous avoir dit, à vous, Monsieur, que je connois (& qui m'avez permis de vous le dire) pour un Philosophe rustique, bouru, indocile & qui vous trouvez amoureux, & de qui, bons Dieux! d'une femme à la vérité charmante par la figure & par l'esprit, mais qui n'a que l'art en recommandation, qui méconnoît les sentimens, & qui s'amuse de vous quand elle n'a rien de mieux à faire; enfin, c'est une femme que, selon votre propre aveu, l'on peut citer pour le modéle de la plus parfaite coquetterie.

Notre conversation ne se borna pas aux seules refléxions morales & critiques, que me présenta votre situation, plus outrée que celle que Moliere a

mis sur la scene, je vous attaquai sur l'ouvrage que vous entreprenez, & voici les propres paroles dont je me servis : Que les folies à la mode possédent nos femmes, qu'un ponpon, qu'une coëffe en carillon, fasse l'objet de leurs désirs & le sujet de leur conversation, elles font leur charge, j'y souscris ; je fais plus, je m'en amuse quelquefois : mais que cette même mode séduise jusqu'aux gens d'esprit, c'est-à-dire, que dans le moment qu'une reconnoissance a paru avec succès sur notre Théatre, il faille aussi-tôt que j'en essuye dans toutes les Piéces nouvelles. Quoi ! parce qu'un Auteur a réussi par la fiction, je suis sûr que tout ce que je verrai pendant un certain tems ne sera plus que romanesque,

manesque, sans trouver dans l'Ouvrage nouveau aucune étude de la nature, non plus que des sentimens qu'elle inspire. Et que vous même, Monsieur, vous tombiez dans un pareil inconvenient, c'est, je vous l'avoue, ce que je ne vous pardonne point. Un Anglois compose des Feuilles détachées, il les rassemble & leur donne le titre de Spectateur ; son livre réussit & mérite son succès, aussi-tôt Spectateurs de paroître sous le titre de François, d'Inconnu, de Suisse, &c. & vous-même vous soumettant au torrent, vous donnez dans un travers que vous blâmeriez dans tout autre; c'est encore une fois ce que je souffre impatiemment.

Vous ne pouvez encore avoir

 oublié

oublié ce que je vous ai dit sur ce sujet ; mais puisque je ne vous ai pas convaincu, puisque vous succombez à l'envie d'être Auteur, & que vous imitez un genre d'écrire que vous croyez qui vous convient, & qu'enfin vous ne choisissez un tel genre que parce qu'il ajoutera, selon vous, une nouvelle force à la Misantropie dont vous jouissez dans le monde, acquittez-vous du moins de l'emploi que vous vous proposez & soutenez votre caractére ; mais point du tout, l'amour vous tourne la tête, & l'on ne voit dans les Feuilles que vous m'avez confiées que des sentimens alambiqués ; il semble que vous ne jugiez de l'amour que par l'esprit, sans oser vous abandonner aux sentimens du cœur. Vous

avez

avez peu d'uſage du monde, & vous vous rempliſſez la tête de Métaphiſique pour ſuppléer à cette légereté & à ce badinage qui conviennent ſi fort aux gens du monde. Après tout, quelle néceſſité trouvez-vous (pour moi, je ne la comprends pas) de parler toujours de vous, & pourquoi faut-il que vous faſſiez confidence au Public de toutes les pauvretés que vous penſez ? Si vous êtes cependant déterminé à donner votre portrait, croyez-moi, faites vous peindre par un autre, je vous réponds de l'effet qu'il produira. Ne parlez jamais de votre amour qu'à votre Maîtreſſe, c'eſt un bon conſeil que je vous donne en tous les cas. Mais puiſque vous voulez travailler en ce genre, vous avez mille bon-

nes choses sur lesquelles vous pouvez écrire : soyez utile à la société en lui représentant sans cesse ses défauts, faites vos efforts pour chasser les plus grossiers & les plus incommodes, quelquefois un tour nouveau donné à une chose mille fois critiquée, en peut en un moment corriger toute une ville. Les mœurs, la mode, les événemens, les ouvrages d'esprit, les loix, les usages, le stile même, tout est soumis à vous, tout est de votre district ; frondez, par exemple, les pointes, les Epigrammes, & le genre d'esprit dont nous accablent les Ecrivains d'aujourd'hui : mais ils sont au premier rang, me direz-vous, ils ont séduit une partie de la ville, tout leur est presque soumis. Tant mieux, vous dis-

je, attaquez, vous le devez. Eh! que doit craindre un Mifantrope? Si vous voulez vous égayer dans une autre feuille, & faire tomber votre critique fur des gens moins redoutables, mais qui n'ont pas moins befoin de vos confeils; faites voir aux gens du monde combien à force de vouloir dire ils difent peu. Que vos écrits leur faffent fentir avec honte combien il eft ridicule de dire, par exemple: Je l'adore, en parlant d'une navette ou d'une autre baliverne, demandez-leur ce qu'ajoute à ce mot celui de *paffionément* dont une infinité de gens fe fervent. Une autre fois faites-vous expliquer ce que veut dire, *je l'aime à la fureur*, & mille autres phrafes dont rougiroient ceux qui s'en fervent, s'ils fçavoient

voient ſeulement les noms de ceux qui s'en ſont ſervis les premiers. Il eſt encore d'autres moyens pour vous acquitter avec honneur de l'ouvrage que vous entreprenez. Ecoutez cette hiſtoire, & voyez ce que vous penſez vous-même d'une choſe que l'uſage ordonne dans ce pays.

Deux familles conſidérables réſolues de s'unir pour leur interêt, & pour redoubler mutuellement leur crédit, après avoir mûrement conſulté la qualité du bien, & nullement conſidéré le rapport des caracteres, font un mariage de leurs enfans, qui jeunes & fort aimables conſentent ſelon l'uſage à la volonté de leurs parens; le hazard ou la jeuneſſe de leurs cœurs voulut qu'ils s'aimaſſent infiniment

infiniment dans le commencement de leur mariage, mais les amis de Philinte (c'eſt le nom du jeune homme) & quelques plaiſanteries de nos Dames les plus titrées firent ſi bien, que lui repréſentant avec énergie la honte qui regne dans Paris pour un mari qui aime ſa femme : Philinte, dis-je, s'attacha d'abord (pour être du bon air) à quelques-unes de nos Dames qui ſont toujours à l'affut de la jeuneſſe qui entre dans le monde, & que l'on connoît pour être ce que l'on appelle ſur le trottoir : Enfin peu à peu Célidamie devint tout-à-fait la femme de Philinte, c'eſt-à-dire, qu'elle ne vit plus ſon mari que dans des maiſons étrangeres où le hazard les faiſoit rencontrer ; elle

le souffrit d'abord impatiemment avec douleur même les froideurs de son mari. Ensuite son amour propre fut offensé des femmes qu'il lui préféroit ; Enfin quelques amies prêchant d'exemples, & qui sur le rouge comme sur les amants tourmentent également une jeune personne, lui représenterent l'inutilité & la platitude d'une douleur qu'il eût été honteux de laisser appercevoir, & lui proposerent la douce consolation d'aimer & de se venger ; Célidamie succomba, elle aima, fut aimée, quitta, fut abandonnée, fut à la mode, & donna plusieurs enfans à un mari qui ne manquoit pas d'en donner à d'autres, c'étoit le meilleur ménage de la Ville ; les femmes, & tout ce qu'on appelle

appelle la bonne compagnie y applaudiſſoit : Qu'arriva-t'il ? Philinte tomba malade, la petite vérole ſe déclare, Célidamie s'enferme avec lui, & non-ſeulement entretient un commerce de lettres avec ſon Amant ; mais qui plus eſt le reçoit toutes les nuits dans la maiſon du malade, ne s'entretient que des agrémens du veuvage trop à la mode & trop déſiré, me ſemble, pour la façon dont on s'en paſſe à Paris. Philinte meurt, & quatre jours après Célidamie eſt attaquée du même mal ; cette cruelle maladie eſt terminée par le même événement.

Dois-je eſtimer Célidamie de s'être enfermée avec ſon mari ? ce trait d'un amour conjugal démenti par tout ce que

je

je vous ai représenté, n'est-il pas une fausseté épouventable autorisée dans Paris ? Elle est même devenue nécessaire, puisque l'on y attache une sorte d'honneur ; mais elle est d'autant plus affreuse qu'elle ne peut tromper ni Dieu ni les hommes. A regarder ce procedé d'un autre côté, se peut-il rien de plus cruel à l'humanité que d'exposer à une mort presque certaine une mere qui seroit du moins chargée de l'éducation de ses enfans & du soin de leurs affaires ? Un usage aussi barbare, aussi pervers, s'il nous étoit rapporté par un Voyageur comme un fait pratiqué journellement chez les Ilinois, seroit frondé ; il seroit cité avec raison comme le plus opposé à la societé ; cependant,

dant, il eſt tous les jours ſous nos yeux, il ne frappe perſonne; c'eſt l'uſage enfin, il faut s'y ſoumettre.

Voilà, Monſieur, le genre de critique dont on peut faire uſage; comptez qu'il eſt mille choſes de cette force, & que ſi vous voulez m'employer à critiquer, quand ce ſeroit vous-même, je ſuis toujours à votre ſervice.

AVIS.

AVIS.

LEs deux Lettres que l'on vient de lire ſont un eſſai tiré d'un grand Recueil que l'Auteur, homme ſincere & de bonne foi, a raſſemblé ſous le titre de *Lettres pillées*. Si le Public approuve cet eſſai, le Recueil entier paroîtra bien-tôt avec une Préface, ou plutôt avec une Diſſertation ſur le Plagiat, les différens ſecours, les ſources des idées, & autres eſpéces de vols dont preſque tous les Livres ſont remplis. On aura ſoin de citer & de donner des exemples tirés des ouvrages les plus goûtés, les moins connus du Public pour être plagiaires ; ce qui ne fera peut-être pas beaucoup d'amis

à

à l'Auteur. Au reſte, la premiere de ces deux Lettres eſt une réminiſcence & un aſſemblage de tous les Contes de Fées, que l'on connoît d'une Piéce de la Foire, & d'une autre jouée ſur un Théatre particulier; elle auroit embelli ce Recueil ſi l'Auteur avoit voulu la donner, & l'on voit aiſément que la ſeconde Lettre n'auroit jamais été écrite ſans le ſecours du Miſanthrope, de Moliere, & de tous les Spectateurs qui ont inondé la Scene il y a vingt ans.

DIALOGUE.

OVIDE, TIBULLE.

TIBULLE.

NOn, Ovide, jamais vous ne me perſuaderez que vos idées ſur l'amour ayent été raiſonnables.

OVIDE.

Rome n'a pas penſé comme vous, & n'a pas crû quand elle lut mon Art d'aimer, que les myſteres de ce Dieu que nous avons tous deux ſervi ſi bien, quoique d'une façon différente, ne me fuſſent pas connus.

TIBULLE.

TIBULLE.

Je ne ſuis pas ſurpris du ſuccès qu'eut votre ouvrage. Vous y donniez des leçons de coquetterie, & vous n'ignorez pas qu'on la met plus ſouvent en uſage que le ſentiment.

OVIDE.

C'eſt parce qu'elle eſt plus amuſante. Tout amour ſérieux eſt néceſſairement triſte. On commence par s'occuper du plaiſir d'être aimé avec cette ardeur, cette violence, cette fureur, qui ne laiſſent vivre que pour vous, l'objet que vous avez touché ; mais ce plaiſir, qui, dans le fonds, ne flatte que la vanité, ne peut pas nous ſatisfaire long-tems. D'ailleurs plus il eſt doux d'inſ-

pirer de tendres ſentimens, moins on doit ſe borner à ne les inſpirer qu'à une ſeule perſonne, qui ne peut jamais vous offrir que le même ſpectacle, de qui les idées, au bout de quelques jours, n'ont pour vous rien de plus neuf & de plus piquant que ſes charmes, & qui vous afflige ſans ceſſe de l'ennuyeux ſpectacle d'un amour que vous ne partagez plus.

TIBULLE.

En vérité, il eſt bien étonnant qu'avec un libertinage ſi décidé, & que vous diſſimuliez fort peu, vous ayez pû plaire à tant de femmes.

OVIDE.

Et moi, je ſuis au contraire bien

bien surpris qu'avec cette façon de penser que vous blâmez tant, je n'en aye pas eu davantage.

TIBULLE.

Mais au moins une femme veut être aimée, & il n'y en avoit pas d'assez vaine ou d'assez dupe pour espérer de vous fixer.

OVIDE.

Peut-être même celle de toutes sur laquelle j'ai fait la plus vive impression, n'a-t'elle pas désiré que je fusse ni constant, ni fidele; mais quand cela ne seroit pas, mon inconstance loin de me nuire auprès d'une Beauté que je voulois mettre dans mes fers, ne devoit être pour elle qu'une raison de plus

plus de se défendre moins contre moi. Rien, il est vrai, ne m'avoit fixé, mais étoit-il pour cela bien décidé que rien ne pût arrêter ma légereté ? Beaucoup de jolies femmes que j'avois toutes servies, mais dont je n'avois aimé aucune, pouvoient & devoient croire que celles qui leur succéderoient ne seroient pas plus heureuses qu'elles-mêmes ne l'avoient été ; mais celle que j'attaquois, pouvoit-elle penser que le miracle de me rendre constant ne fût pas réservé à ses charmes ? Ce seroit d'ailleurs une grande erreur de croire qu'il est si difficile de persuader à une femme qu'elle nous touche vainement. La plus modeste de toutes, celle même qui auroit le plus de raison de l'être, a toujours plus

plus de vanité, ou qu'elle n'en croit ou qu'elle n'en devroit avoir ; & je suis contraint d'avouer que la plus austere, ou la moins vaine des femmes ausquelles j'ai adressé mes vœux, ne m'a jamais couté ni plus de trois jours, ni plus d'une chanson.

TIBULLE.

Grands Dieux ! & j'ai trouvé des cruelles !

OVIDE.

Et vous en êtes surpris !

TIBULLE.

Eh le moyen, Ovide, que je ne le sois pas, quand je me rappelle avec quelle tendresse, quelle vérité, quelle ardeur j'aimois !

OVIDE.

OVIDE.

Et c'eſt par cette raiſon même que vous deviez vous étonner moins de n'avoir pas toujours réuſſi. Dans le ſiécle où nous vivions tous deux (& j'en conviens j'avois aidé paſſablement à l'éclairer,) il y avoit bien des femmes qui croyoient inſpirer de l'amour ou faire naître des déſirs; c'eſt une choſe à peu près égale, quelque choſe qu'il y eût à gagner pour leur vanité à voir un homme les aimer paſſionnément, elles craignoient encore plus ſa tendreſſe, qu'elles n'en étoient flattées, & je ſuis sûr qu'aimable comme vous l'étiez, il n'y a pas de femmes dans Rome que vous n'euſſiez ſubjugées, ſi vous aviez eu en amour auſſi mau-

vaste réputation que moi.

TIBULLE.

Je ne vous reproche pas une façon de penser, dont vous n'avez été que trop puni, puisque rien dans le fond ne vous a tiré de votre indifférence. Non, Ovide, vous n'avez jamais connu ces plaisirs enchanteurs, cette volupté si vive, si touchante dont une ame tendre est pénétrée. Vous n'avez jamais éprouvé ces douces émotions, ces désordres charmans, dont j'ai quelquefois joui. Comblé de faveurs, vous n'avez jamais sçû être heureux, & vous étiez en effet plus à plaindre lorsque l'on accordoit tout à vos désirs, que je ne l'étois lors même que j'éprouvois les plus cruelles rigueurs.

OVIDE.

Ah, Tibulle ! Vous n'avez jamais connu ce plaisir si flatteur de courir sans cesse d'objets en objets, de les soumettre tous, & de n'être soumis par aucun, de se conserver toujours assez de liberté, pour que l'inconstance de la femme même qui vous touche le plus, ne puisse vous couter seulement le plus léger soupir ; d'aller, sans être troublé par aucuns remords, ranimer auprès d'une Beauté nouvelle, un cœur que les bontés d'une ancienne Maîtresse, avoient usé ; de triompher dans le même tems de l'innocente & de la coquette, de jouir avec l'une, du désordre que jette dans son ame une passion qu'elle ignoroit ; de tromper

tromper la vanité de l'autre en paroiſſant la flatter, d'être enfin toujours occupé de projets agréables, & de les voir toujours ſuivis du ſuccès. Si ce n'eſt pas-là de l'amour, Tibulle, c'eſt au moins du plaiſir, & du plaiſir qu'aucune peine ne trouble, & vous ne me ferez jamais croire que ç'ait été pour moi un ſi grand malheur, que de préférer l'un à l'autre.

TIBULLE.

Tous les plaiſirs que vous venez de peindre, ne peuvent pas tenir ſeulement lieu du bonheur d'être un moment regardé de ce qu'on aime ; & j'étois mille fois plus heureux quand je penſois à Délie, que vous ne l'étiez vous quand la fille d'Auguſte vous prodiguoit les

 plus

plus tendres caresses.

OVIDE.

La chose est cependant différente, & vous ne me persuaderez point que le plaisir d'attendre, & quelquefois vainement, qu'on vous ouvrît chez Délie, valût celui d'être dans le cabinet de la Princesse.

TIBULLE.

J'étois sûr, du moins lorsque je pouvois parvenir au bonheur de voir Délie, qu'un autre n'en jouissoit pas, & je ne crois pas que quand la Princesse se refusoit à vos désirs, vous pussiez avoir les mêmes motifs de consolation.

OVIDE.

Si vous aviez pû craindre

auprès

auprès de Délie un Rival favorisé, qu'auriez-vous fair?

TIBULLE.

Ah! je vous avoue que la mort même m'auroit paru moins affreuse que son inconstance.

OVIDE.

Eh bien! j'étois plus Philosophe que vous. Quand il plaisoit à Julie d'en voir un autre, & que par conséquent il ne lui plaisoit pas de me voir, l'appartement de Sulpicie n'étoit pas loin, elle vouloit bien quelquefois m'honorer de ses bontés, & j'allois me consoler auprès d'elle des infidélités de la femme d'Agrippa. Pour vous, si l'on en peut croire les bruits qui en coururent dans Rome, l'infidélité de cette

même Délie, si tendrement aimée, vous coute la vie. Dans le cours de la mienne, cinquante femmes au moins me furent infidelles, & ne m'affligerent pas. Etiez-vous raisonnable de vous immoler, pour ainsi dire, à la gloire d'une perfide, lorsque, jusqu'à la plus sévére vestale, il n'y avoit pas une femme dans Rome qui ne se fût fait honneur & peut-être même un devoir de vous consoler?

TIBULLE.

Eh! de quoi m'eussent servi leurs soins? Pouvois-je après l'infidélité de Délie si ardemment aimée pendant plus de quinze ans, penser sans horreur qu'il restoit des femmes au monde! que ne m'en avoit-il pas couté pour m'assurer la posses-

possession de ce cœur sacrilége, qui viola en un jour tant de sermens ! Non, Ovide, après un coup si cruel, il ne me restoit qu'à mourir.

OVIDE.

Et après la récompense que vous avez reçue de vos sentimens, vous osez me blâmer de ne m'être fait de l'amour qu'une dissipation agréable ?

TIBULLE.

Eh non ! Ovide, vous dis je, vous n'avez jamais sçu aimer.

OVIDE.

J'étois, il est vrai, moins délicat que vous ; & quoi que vous disiez, je ne crois pas y avoir perdu. La délicatesse est plus souvent le poison des plai-

 sirs,

ſirs, qu'elle n'y ajoute de charmes. Notre imagination va toujours au-delà de nous-mêmes, & nos beſoins ſont plus aiſés à ſatisfaire que nos idées. Jouiſſons du plaiſir d'aimer, mais jouiſſons-en en Philoſophe; que les femmes ſoient toujours la ſource de nos déſirs, & jamais celle de nos regrets. Les plaiſirs que nous perdons par cette façon d'aimer ne ſont que des biens imaginaires dont la poſſeſſion nous trouble, dont la perte nous déſole, & auſquels il n'eſt point raiſonnable d'immoler un ſeul inſtant de notre tranquillité.

TIBULLE.

En vérité, Ovide, je ſuis trop heureux d'être mort; je craindrois ſi je vivois encore, que

que vos raisonnemens ne me pervertissent.

OVIDE.

Non, si vous viviez encore, nous aurions les mêmes penchans. Votre exemple ne me pervertiroit point & le mien ne vous corrigeroit pas.

HISTOIRE

HISTOIRE MORALE.

La sincérité est la plus sotte des vertus & la fausseté le plus nécessaire des vices ; je le prouve.

IL y avoit un Couvent de Religieuses qui élevoit une trentaine de riches Pensionnaires faites pour se marier, & qui par conséquent renfermoit dans ses murs de quoi faire l'ambition & peut-être le malheur de trente honnêtes gens.

De ces trente Pensionnaires il en étoit vingt-neuf dont la Supérieure louoit l'excellent caractere, & il n'y en avoit qu'une seule dont elle disoit du

du mal & qui méritoit qu'elle en dît du bien. C'étoit la jeune Rosalie; elle étoit douce, prévenante & sensible. Le plaisir qu'elle avoit à se faire des amies, faisoit juger de celui qu'elle auroit à se faire un Amant. L'apparence de l'amitié dans une jeune fille de Couvent n'est souvent qu'une disposition à l'amour.

Avec tant de bonnes qualités, Rosalie eût été sure de réussir si elle n'en eût pas eu une de trop, qui étoit la sincérité. L'artifice & le déguisement lui paroissoient des crimes; elle disoit naturellement à la Sœur des Anges qu'elle étoit ennuyeuse; elle ne cachoit pas à la Mere Saint Chrisostome qu'elle étoit tracassiere, & soutenoit à la Sœur Sainte Eugénie

nie qu'elle étoit hypocrite. Elle osa même dire un jour à son Confesseur, le Reverend Pere Archange de Quebec, Capucin de la Province de France, qu'il étoit mal propre & qu'il sentoit mauvais.

Une telle franchise la fit passer dans toute la maison pour un vrai démon; la sincérité n'est une vertu que devant les gens qui ont du mérite, c'est pour cela que presque toujours elle paroit un défaut.

On disoit à tous les étrangers des horreurs de Rosalie, personne n'eût été sensé de la prendre pour femme; mais en revanche, on élevoit aux nues les vertus d'une autre Pensionnaire nommée Calmits, elle ne devoit ces éloges qu'à sa dissimulation; elle n'étoit jamais

ce

ce qu'elle paroissoit être ; elle étoit insensible & caressante, méchante & doucereuse, ingrate & empressée, en un mot, elle avoit de l'esprit & ne l'emploïoit que pour en faire un masque de cœur; elle disoit à la Sœur des Anges qu'elle étoit amusante, à la Mere Saint Chrisostome qu'elle avoit un bon caractere ; à Ste Eugénie qu'elle étoit une Sainte, & au Pere Archange qu'il sentoit l'encens de Cathédrale.

On la trouvoit agréable, c'étoit le trésor & la bénédiction de la maison ; la Supérieure lui trouvoit même beaucoup de conformité avec la bienheureuse Fondatrice de l'Ordre.

Un panégerique est rendu bien en beau, lorsqu'on a l'art d'y insérer les défauts du prochain.

Celui de Calmits s'étendit

affez dans le monde pour lui faire trouver un bon parti; elle en reçut la nouvelle par fon frere Manency, lorfqu'il vint voir fa fœur; Rofalie étoit avec elle au parloir, elle en fut enchantée, quoiqu'il fût d'une figure affez médiocre; mais Rofalie n'avoit rien vû encore de plus aimable. Un jeune homme paffable l'emporta aux yeux d'une fille qui penfe bien fur la None la plus jolie; la nouveauté de l'objet donna des graces à fa fincérité, elle avoua à Manency qu'elle le trouvoit charmant & lui fit des avances avec la bonne foi la plus indécente; Manency fut étonné & Calmits fcandalifée, toutes les femmes font à peu près les mêmes, mais toutes ne font pas finceres; Calmits affectoit d'être la dupe des préjugés & difoit que quand

quand une femme faisoit tant que d'aimer, ce ne devoit être qu'après un examen bien févere; elle prétendoit aussi (du moins elle vouloit le faire croire) qu'il falloit qu'un Amant eût des qualités estimables bien plus que d'aimables, mais pour la commodité du public, on veut que cela ne soit pas nécessaire.

Rosalie croyoit aimer Manency, mais elle se trompoit; sa vûe n'avoit produit en elle qu'un simple développement d'idées; elle n'étaloit ni délicatesse ni bon cœur, elle ne sentoit ni l'un ni l'autre, elle étoit agitée d'autres mouvemens, & elle jugea que c'étoit du sentiment; n'ayant d'autre vûe que le plaisir, elle s'imaginoit qu'il étoit aussi aisée de le rencontrer

contrer que de le désirer, & dans cette occasion elle prit pour le plaisir ce qui n'en étoit que la ressemblance.

Après quelque tems d'un commerce reglé, elle vit le frere d'une autre Pensionnaire, (car les freres sont une grande ressource pour les Couvens,) celui-ci étoit beaucoup plus aimable que Manency, & Rosalie le trouvoit tel; ce fut-là l'époque du développement de son cœur, mais sa maudite sincérité la perdit; elle congédia durement le premier frere & agréa brusquement le dernier. La franchise, cette vertu qui l'avoit rendue odieuse, commença à la rendre méprisable; Manency fut piqué, il mit dans le secret toutes ses connoissances, peu de gens l'auroient sçu

sçu, s'il n'y avoit mis que ses amis. La famille de Rosalie en fut informée, le pere fit des questions, la fille des aveus & la mere des reprimandes; on la retira du Couvent pour la marier à un vieux Sot; elle lui déclara qu'elle avoit un attachement, qu'elle ne pouvoit pas l'aimer, & que s'il étoit honnête homme, il ne devoit pas la contraindre; mais malheureusement Rosalie avoit du bien, ce qui étoit plus nécessaire à ce mari là que de la probité; ainsi elle fut forcée de l'épouser. Elle eut pour lui de bons procedés, mais comme il lui demandoit si elle l'amoit, elle lui répondoit toujours amicalement qu'elle le haïssoit beaucoup; il voulut sçavoir si elle voyoit le jeune homme qu'elle

avoit aimé. Sa sincérité ne lui permit pas de le nier, il se mit en courroux, porta ses plaintes, se fait séparer, & la pauvre Rosalie fut remise au Couvent avec le mépris du public, tandis que Calmits plus dérangée qu'elle, mais plus fausse, trompoit son mari & ses amans avec toute la prudence & l'adresse possible; elle avoit le ton de tout le monde, elle écoutoit avec les vieilles, raisonnoit avec les jeunes, étoit serieuse avec les prudes, & vive avec les coquettes; elle aveugloit son mari par de fausses confidences, & sur-tout avoit l'art de se faire adorer de toutes les familles; elle sçavoit conter des histoires aux peres, demandoit des conseils aux meres, les rendoit aux filles & recevoit favorablement les

les déclarations des fils. Son bonheur fut fondé sur sa fausseté; le malheur de Rosalie le fut sur sa franchise; ainsi je reviens à mon principe, que la sincérité est la plus sotte des vertus, & la fausseté le plus nécessaire de tous les vices.

ELOGE DE LA PARESSE ET DU PARESSEUX.

Expoſition de l'Ouvrage.

CE qui peut être avantageux à tous les états de la ſociété, eſt ce qu'il y a de meilleur & de plus parfait : le pareſſeux réunit ces rares qualités.

Avantages pour les Princes.

Les Princes ſont trop heureux d'avoir des pareſſeux dans leurs Etats.

Le véritable pareſſeux ne con-

connoissant point l'ambition, est bien éloigné de former aucune cabale, & d'entrer dans aucun parti; il est au contraire le Sujet le plus soumis.

Pourvû qu'on ne trouble point son repos personnel, il ne critique point le gouvernement. S'il ne lui en coûte que de l'argent, il trouve le marché avantageux.

Avantages particuliers.

Jamais il ne médit de personne; à peine occupé de lui-même, peut-il penser à son voisin?

La paresse répond de sa justice; il perdroit son repos pour commettre des injustices, ou pour les continuer.

Il est incapable de faire aucun

cun procès, ni même de le soutenir. Quel parent !

Les libelles & les satires ne peuvent lui être attribués ; la peine de les écrire doit lui en éviter jusqu'au soupçon : se souciant peu de sa réputation, voudra-t'il détruire celle des autres?

Réflexions générales.

La paresse entretient la probité de celui qui est né honnête homme, & corrige très-aisément celui qui a de mauvaises inclinations.

Le parti de la retraite que mille gens prennent sous différens prétextes, n'est qu'une paresse déguisée.

La Philosophie n'est autre chose que la paresse.

La

La constance est la paresse même.

Description de la volupté. Ses liaisons intimes avec la paresse.

Examen du cœur de l'homme & de ses sentimens ; son bonheur n'existe que selon le dégré de sa paresse.

Ce qui s'oppose à la possession de la paresse.

Moyens de l'obtenir.

Moyens de la conserver.

Peinture de la paresse aimable ; critique de celle qui lui est opposée.

Citations d'un très-grand nombre d'excellens Auteurs anciens & modernes, qui sous des noms supposés ont fait l'éloge de la pa-

paresse & du paresseux.

Je jouis de toutes ces idées; mais trop paresseux pour les écrire, fatigué de les avoir dictées, je voudrois pour le bonheur des hommes qu'une ame charitable pût entreprendre un pareil ouvrage; je frémis en pensant à la peine que lui donneroit une telle entreprise.

J'ai l'honneur d'être,

Mademoiselle,

Votre très-humble & très-obéissant serviteur ***

LE

LE CHIEN ENRAGÉ.*

DEpuis que le Loup galeux m'a fait donner la commiſſion rogneuſe du Chien enragé, & qu'indiſcrétement je me ſuis laiſſé donner d'avance en payement un bel étui de chagrin, je n'ai ni digéré, ni dormi; & je me ſuis creuſé l'imagination juſqu'au centre, ſans en avoir pû rien tirer qui vaille. Enfin je devenois pis qu'enragé moi-même, quand au moment que j'y penſois le moins, j'ai tout trouvé ſous ma main. Ne doutons plus que Martin n'ait cherché ſon âne étant deſſus;

* On avoit donné à l'Auteur un Etui de peau de Chien de mer.

j'étois dessus le mien quand je le cherchois ; & l'on en conviendra, quand je dirai que j'ai trouvé le Chien enragé dans mon Etui.

Je m'étois assoupi ce matin de tristesse, & ne songeant qu'à rendre l'Etui que je ne rendrai plus, quand j'ai fait le rêve heureux qui m'acquitte, & qui suit. Je tenois ce cher Etui, & lui faisois mes tendres adieux: quelle a été ma surprise ! Je vois tout à coup sous mes yeux, je sens dans mes mains sa peau lisse & luisante se changer en peau de poule, & de peau de poule en gros chagrin brute & rude, à raper le cœur d'un Pandoure comme une muscade

Je lâche bien vîte ce cuir affreux ; il s'étend, il se fait aussi large, aussi grand que l'étoit une

une peau de tigre qui m'a servi un an de courtepointe : col, pattes, griffes, queue, tout cela se configure distinctement ; la tête se plante au bout où n'étoit pas la queue ; après quoi tout cela s'arrondit, se grossit, s'entripaille & se met sur pied. Finalement je vois devant moi un animal complet & vivant, sous la forme d'un Chien marin, qui ouvre une gueule armée de trois rangs de dents. On sçait ce que me sont les monstres ; on conçoit ma frayeur & ma joie ; j'ai eu une peur divine, & je me suis encouragé à ne me pas enfuir, quand, pour comble de plaisir & d'horreur, ce Chien marin a parlé, & m'a dit : je suis le Chien enragé dont on vous demande l'histoire ; on en est curieux avec raison. Les

 cent

cent mille & une nuits n'en contiennent point de si merveilleuses : il n'est bêtes ni gens, Héros, Paladins, demi-Dieux, Dieux tout entiers, qui ayent eu de plus rares avantures, & qui ayent fait de plus belles courses que moi ; puisqu'avant que d'avoir été réduit comme je le suis, à ne faire que le tour de votre Etui, j'ai couru l'enfer, le ciel, la terre, la mer, & en dernier lieu je ne sçai combien de mains, pour tomber enfin dans les vôtres, d'où, selon bien des apparences, je ne sortirai plus.

Là-dessus, comme le monstre avoit beaucoup de choses à dire, il s'est assis sur son derriere vis-à vis moi, & a continué ainsi :

J'ai vêcu du tems que les

bêtes parloient, & bien avant celui des métamorphoses. Je suis né natif du Tartare; ma mere étoit une jolie Sibérienne adorée de Proserpine, avec qui elle couchoit cent fois contre Pluton une. Ce ne fut pas la faute de la Reine des morts si je vins au nombre des vivans ; car lorsque ma mere étoit en folie, elle étoit consignée sur de griéves peines, à toutes les filles d'honneur & à toutes les Dames du Palais. Mais on ne s'avise pas de tout ; & pour une entrée qu'a chez nous la rage d'amour, combien n'a-t'elle pas de sorties ? Ma mere s'échappa donc, & ne revint au logis qu'après s'être satisfaite, & bien mâtinée ; & par qui ? la belle demande ! Y a-t'il à choisir où elle étoit ? par le plus vilain indi-
 vidu

vidu de l'espece, par l'unique chien du lieu, par Cerbere.

La fureur de Proserpine, quand elle sçut l'équipée, n'est pas imaginable. Les cris qu'elle poussa lors de son enlevement, n'approchoient pas de ceux qu'elle fit à cette nouvelle. Ah! ma pauvre Chienne, elle est perdue! elle en mourra! elle a cinq ou six mâtins pour le moins dans le ventre, & cinq ou six mâtins à trois têtes. La pauvre Déesse en faillit perdre la sienne. Pluton voulut partager sa douleur & ses inquiétudes; il fit maison nette: il la caressoit, la rassuroit, bonne tentative! C'étoit bien se connoître en sentimens! Comme si les attentions d'un mari, d'un Amant même, étoient un contrepoids au péril d'un chien, d'un chat, d'un singe ou d'un oiseau!

oiseau ! La tendresse d'une femme pour ces créatures-là, va plus loin que l'amour maternel, plus loin même que l'amour propre.

Il fallut pourtant prendre patience & attendre les neuf semaines. Le terme arriva, & par bonheur pour la paix d'un des plus honorables ménages de l'univers, ma mere chienna heureusement ; non seulement je fus fils unique, mais je ne vins au monde qu'avec une tête.

Il est vrai que je nâquis avec une rage infernale d'aboyer & de mordre comme si j'eusse eu triple gueule & triple gosier, je faisoit un tintamâre du diable en enfer. On n'y eût pas oüi Dieu tonner. Mes aboyemens continuels empêchoient également les trois Juges de dormir

 à

à l'Audience & d'y juger. Ordre aux Furies de me chasser. Elle me donnerent l'anguillade, & moi de gagner la porte; mon pere me laissa passer, je m'enfuis sur terre; & voilà comme je montai ici-bas.

J'y trouvai bon maître. J'entrai chez le seul homme de bien qu'il y eût alors au monde. C'étoit Deucalion, homme simple, qui ne parloit ni du prochain, ni de l'Etat, ni de la Constitution. Tout le reste menoit une vie de chien. Le Ciel irrité lâcha les écluses, il laissa tout aller sous lui ; cela s'appella le Déluge. Mon Maître & moi furent les seuls qui purent avoir un parapluye. De tous les animaux raisonnables il ne resta que nous deux, tout le reste creva de la soupe aux chiens.

chiens. Ainſi tout ce qui exiſte d'hommes & de chiens, eſt notre ouvrage à nous deux. Et combien, chacun dans notre eſpéce, n'avons nous pas de Céſars & de Laridons!

J'ai pour ma part entre mes Céſars le Chien d'Uliſſe, qui après vingt ans d'abſence lui battit queuë le premier, & le reconnut même avant la fidelle Pénélope; le Chien d'Heſiode & celui de Pyrrhus, qui firent prendre & reconnoître les meurtriers de leurs Maîtres. Le pieux Capparos Chien de garde du Temple d'Eſculape à Athènes, qui mérita penſion viagere de la République pour avoir pourſuivi à grands cris un voleur d'Egliſe pendant trois jours, & l'avoir fait prendre enfin, ſur cet indice; le joyeux

Chien

Chien de Tobie; celui de saint Roch; les braves Chiens qui furent de moitié dans la conquête de l'Amérique avec les Espagnols; le fameux Suening, Chien d'Osten Roi de Suede, qui fut fait Gouverneur de la Norwege par son Maître, & en reçut les hommages. Le Chien du Prince d'Orange qui partage avec son Altesse les honneurs du Mausolée à Delft; mais mieux que tout cela le petit Chien perdu & si regretable, le Chien qui secouoit des pierreries; en un mot, tous les Chiens qui ont brillé depuis celui de Cephale & la meute de Diane, jusqu'à Rocambole & Yon Yon; tous sont autant de nobles animaux grimpés sur les branches de l'arbre généalogique dont j'occupe le tronc.

Mais si nous retournons la médaille, quel horrible revers! je deviens Chien doublement enragé quand j'y songe. Premierement le Papa Cerbere; ensuite les Chiens enragés qui mangerent leur Maître à belles dents, parce qu'il avoit mangé des yeux la nudité d'une précieuse ridicule; les infames Chiens d'Ambassadeurs qui compisserent le Palais de Jupiter; les coquins de Chiens qui s'étant endormis au Capitole une nuit d'assaut, laisserent à des Oyes l'honneur de la journée; les vilains petits Toutous qui gâterent la robe de Perin-Dandin; le Chien de Chien, qui fit ruer la Mule de M. Grichard, & lui pensa faire rompre le cou; le méchant Chien du Jardinier; l'étourdi de Chien

à

à Brusquet, qui se laissa prendre au loup dès la premiere fois qu'il fut au bois ; l'impertinent Chien de Jean de Nivelle, qui s'enfuit quand on l'appelle ; celui de M. de Roussy, qui, tout au contraire depuis trois jours qu'on le chasse, ne parle pas de s'en aller. Que de rabatjoyes pour l'amour-propre d'un premier pere ! & bel exemple à tous les animaux qui auront la manie des longues lignées ! Remontons à moi tout seul, & laissons-là ces races de Chiens.

N'y ayant plus sur terre ni filous, ni larrons, ni voleurs, ni brigands, ni Procureurs, ni mendians, ni bénéfices, & ne sçachant plus dans la rage qui me tenoit toujours, après qui, ni quoi aboyer, je me mis à aboyer après la Lune, & même avec

avec une envie enragée de la pouvoir prendre avec les dents. J'y parvins une belle nuit, qu'en qualité de Chien enragé je courois les champs dans la Carie, je surpris Madame la Lune qui descendoit tout bellement & en Catimini chez le bel Endymion. Ah! ah! Madame la fausse prude, je vous y attrappe

A venir par un trou tout-à-fait obligeant
Faire mettre de l'huile à la lampe d'argent!

Je vous lui fais un charivari de Chiens, qui l'oblige à remonter bien vîte sur son char. Pour le coup je vous la prens tout à mon aise avec les dents, je la happe aux fesses, je lui fais-là trous sur trous. Enfin, je la mords si serré, que ne pouvant

lacher

lâcher prise quand je le voulus, elle me fit remonter malgré nous deux avec elle au Ciel.

J'étois là assez déplacé pour un Chien enragé; car le Ciel non plus que l'hôpital n'est guéres fait pour les Chiens. Mais ma bonne étoile m'y fit trouver un puissant Protecteur. Jupiter me voulut du bien d'avoir démasqué l'hipocrite, & d'avoir ainsi vengé le pauvre Acteon, neveu de sa chere & belle Europe.

Il me donna un très-bel établissement dans ses Etats. Il créa pour moi une nouvelle charge de Constellation. Je fus Canicule; je remplis très-bien mon poste, & je fis là fort bien mon devoir de Chien enragé. On sçait quelles furent mes funestes influences, & quelles sont encore

encore celles dont j'ai impreigné cet endroit du Ciel qui a gardé mon nom. Mais c'est peu d'influer pour qui veut trouver à mordre. Mais qui mordre ? l'homme & moi nous étions trop loin l'un de l'autre pour cela. Je m'ennuyois fort d'enrager à vuide, quand un jour (jour unique dans l'histoire du Ciel) voilà le chariot du Soleil qui me passe presque par-dessus le corps. Il rouloit avec une rapidité inexprimable, un jeune insensé fort embarrassé de sa petite figure étoit sur le siége & tiroit comme tous les diables la bride aux quatre chevaux qui avoient pris le mords aux dents. On sçait le train que sans être enragés, les Chiens de village font après une chaise de poste, quand ils la voyent passer ; figurez-vous si je

je fis beau tapage ! je ſautai aux roues, aux chevaux, & enfin aux jambes du Cocher juſtement à l'inſtant que la foudre l'abbatoit. Je ne démordis point; de façon que je fus après Patatras! voilà mon Chien & ſon Cocher qui dégringolent dans l'embouchure de l'Eridan. Comme il n'y a pas loin d'une embouchure à la mer, & que la mer eſt un ſéjour de requiſe pour ceux qui ont mon indiſpoſition, je ne fus pas fâché après ma chûte d'aller mon chemin & de gagner pays. Je coulai juſqu'au fonds du Golphe Adriatique. J'y prends les eaux depuis des milliers d'années, & cela ne fait à ma rage que de l'eau toute claire : tout ce que m'a fait la mer, c'eſt que de Chien terreſtre, infernal

nal & céleste que j'avois été, je suis devenu Chien marin; mais toujours Chien enragé comme auparavant, & même plus enragé que jamais, mordant tout, par tout, & à tout, si bien qu'enfin sur les côtes de Marseille j'ai mordu malheureusement à l'hameçon d'un maudit Pêcheur qui a vendu ma peau, dont on a fait ce que vous avez vû. Le monstre à ce dernier mot ouvroit une grande gueule à très-mauvaise intention. Quand sa destinée, ou plûtôt mon reveil, l'a rappellé à son dernier être, il s'est raplati, ratatiné, rétreci, radouci, rabougri, relissé & remis sous la jolie forme du petit Etui mignon que j'ai bien gagné, comme on voit; car en

vérité c'est bien chanté pour un aveugle, & sur-tout pour un pauvre aveugle qui n'a plus que du cidre en cave.

PROBLEME

PROBLEME
PHYSICO-MATHEMATIQUE.

ON demande la Courbe iiI décrite par l'extrémité *i* d'un corps V*i*, qui étant d'abord dans une situation verticale renversée V*i*, change ensuite de grandeur & de position en devenant successivement V*i* VI, &c.

Afin de fixer l'esprit, nous limiterons ce Problême, dont

l'énoncé est trop général. Nous nous attacherons à quelque Art particulier, conforme à ce qui se passe dans la Nature ; ce n'est qu'en la consultant que la Géometrie s'éleve jusqu'à la Physique. Nous partirons des principes suivans qu'on se fera un plaisir de vérifier.

1°. La force qui produit l'extension du corps V*i*, soit qu'elle soit de la nature de l'attraction, soit qu'elle se manifeste par des impulsions mécaniques, agit uniformement, c'est-à-dire, qu'elle produit des augmentations égales en tems égaux. S'il arrive surtout dans les cas où la force est mécanique que les impulsions soient plus fortes & plus promptes sur la fin, le corps V I est alors si près du maximum qu'on peut négliger,

négliger, quant à la figure de la Courbe *i* I, ce qui se passe dans ces derniers instans, quoiqu'il soit nécessaire de le considerer pour les autres objets qu'offre cette importante recherche.

2°. Que l'angle sous lequel le corps V *i* est soutenu après un nombre quelconque d'actions momentanées de l'agent, est proportionel à ce nombre.

Ces deux principes posés on trouve assez facilement que l'angle I V *i*, & ce rayon I V sont proportionels, ce qui fournit la construction suivante.

Etant données la plus petite & la plus grande longueur du corps en question, on en prendra

dra la différence qui meſurera la force abſolue de l'agent. On tracera enſuite à volonté les angles *i* V c, *i* V c, I V c ſur les côtés v c, v c, v c deſquels on déterminera les parties v i, v i, v I, qui ſoient à la meſure de la force abſolue comme les angles *i* V C, *i* V c, I V c, ſont à 180 dégrés. Les points *i*, *i*, I ainſi déterminés, feront ceux de la Courbe cherchée.

Tout ſe monde reconnoîtra à la deſcription précédente la ſpirale d'Archimede, ſur laquelle les Géometres ſe ſont tant exercés, mais ſans avoir trouvé ſa vraye proprieté.

CRITIQUE

CRITIQUE
DE L'OUVRAGE.

VOus voulez abſolument, Monſieur, ſçavoir mon ſentiment ſur l'ouvrage que vous allez donner au Public : Le voici. Il ſera d'autant plus déſintereſſé que je ne connois pas un des Auteurs, & je ſuis dans une ſi grande habitude de faire des Critiques, que je n'ai pas eu beſoin de lire l'ouvrage. Les titres me ſuffiſent : Il me paroît que vous avez fait une collection dans le goût de la Bibliotheque de Photius, je crains ſeulement qu'on ne la trouve trop ſçavante.

Bon

Bon Dieu, que de contes & d'histoires ! Pour moi je serois tenté de croire que dans un Recueil aussi grave que celui-ci, tant de fadaises ont un objet plus sérieux que celui qui se présente d'abord. Ne pourroit-on point, à l'exemple des Alchimistes, y chercher des mysteres cachés aux prophanes? Pour moi qui suis de ceux-ci, je ne cherche jamais que ce que je trouve.

Liradi, nouvelle Espagnole, me donne de l'humeur, elle est de quelque mélancolique, qui aura pris un travers avec sa Maîtresse, pour une infidélité qu'elle lui aura faite. Quand on se fâche pour si peu de chose, il n'y a rien dont on ne puisse s'offenser.

A deux de jeu. Après la nouvelle

velle Espagnole, en voici une Françoise ; c'est fort bien fait : mais je voudrois qu'on me fît grace du Pays, & qu'on le reconnût aux caracteres *des Acteurs*, & à la nature des événemens.

A quoi bon un dialogue des morts ? Il me semble que pour faire dire des sottises, il suffiroit de faire parler les vivans. A propos de vivans, je trouve encore qu'il est ridicule de donner l'oraison funebre d'un mort, personne ne s'y intéresse. Je me suis quelquefois trouvé à ces sortes de cérémonies, j'ai toujours remarqué qu'on n'étoit occupé que de l'Orateur, & nullement du Héros : Pourquoi ? C'est que celui-ci est mort, & que l'autre est vivant. On ne dit jamais de

bien des morts que pour humilier les vivans, comme on exalte les Etrangers, pour ne pas reconnoître de Supérieurs dans sa patrie. Pourquoi Moliere n'a-t-il pas été jugé digne d'être de l'Academie? C'est qu'il étoit vivant. Pourquoi est-on étonné aujourd'hui qu'il n'en ait pas été? c'est qu'il est mort. Tous les plats motifs qu'on lui opposoit ont disparu, il ne reste plus que le grand homme, qui manque à la liste. Je crois cependant que le Manteau de Sgnarelle décoreroit bien autant aujourd'hui l'Académie qu'un Manteau Ducal.

Je ferois volontiers mon ami de l'original du portrait, ce n'est pas en considération de ses bonnes qualités, c'est à cause

ſe de ſes défauts. Je ne veux point d'ami parfait. On penſe aſſez généralement comme moi ; car je vois peu de gens qui ne déchirent leurs meilleurs amis. C'eſt apparamment de peur qu'on ne les ſoupçonne d'avoir des amis parfaits.

Je ſuis édifié du *Sermon Turc.* Beni ſoit l'Auteur, c'eſt une bonneame, puiſqu'il penſe bien des femmes. En effet, on doit aimer leur beauté, eſtimer leur caractere, reſpecter le malheur de leur ſituation. Elles ſont belles, tendres & malheureuſes. Les hommes toujours injuſtes, cherchent à les ſéduire, affectent de les mépriſer, abuſent contre elles de la tyrannie qu'ils ont uſurpée par force. Ce ſeroient-là les trois points de mon diſcours, ſi elles me ju-

 geoient

geoient digne d'être leur Avocat. En attendant, je ne puis m'empêcher d'observer que les hommes ne suivent que l'impétuosité de leurs désirs en recherchant les femmes ; celles-ci avec les sens plus calmes ont le cœur plus tendre. Une femme dans cet état voudroit que son Amant fût, comme elle, satisfait de la possession du cœur ; mais il presse, il pleure, il supplie, il excite la compassion ; elle ne peut voir son Amant malheureux, elle céde à la pitié, à la tendresse, à la générosité seule, elle accorde tout, non pour elle, mais pour lui. L'Amant est-il heureux ? aussi-tôt ses feux s'éteignent, il devient inconstant, il court vers un autre objet, le voilà perfide, sans que sa Maîtresse

treſſe ait rien à ſe reprocher que des vertus & une foibleſſe. Je ſuis d'autant plus ſurpris que les femmes ſoient les duppes des hommes, qu'elles ont infiniment plus d'eſprit qu'eux. Il eſt vrai qu'elles ont une meilleure éducation.

Les hommes exercent des profeſſions, ou cultivent des talens, qui les obligent d'acquérir quelques connoiſſances néceſſaires & pénibles : juſqu'ici je ne vois point d'eſprit. Voici pourquoi, nous n'avons pas tout celui que nous pourrions avoir. Les Langues ont été imaginées par le beſoin de ſe communiquer réciproquement ſes idées, on devroit donc avoir ſes idées propres, & n'apprendre que les mots qui en ſont les ſignes ; mais au

 lieu

lieu de nous apprendre simplement dans notre enfance des mots pour nous exprimer, on nous donne des pensées toutes faites, qui ne sont que des phrases; chacun pensant différemment, & voulant nous suggérer ses idées, les nôtres deviennent un amas informe, & ne sont ni précises ni suivies; nous n'en avons gueres de justes, que celles que nous acquérons de nous-mêmes, comme on ne sçait bien que ce qu'on invente. Si l'on interroge un enfant, la mere ou la gouvernante lui dicte aussi-tôt sa réponse, de sorte qu'au lieu de dire une sottise de lui-même, qu'on pourroit ensuite rectifier, il répéte celle de la sotte qui est auprès de lui. L'habitude & la paresse font qu'insensiblement, il

il sçait toujours ce qu'il faut dire & jamais ce qu'il faut penser. Une fille au contraire est obligée, graces au peu de soin qu'on prend de son éducation, de penser d'elle-même. Elle reçoit ses idées de l'impression des objets, elle pense ; bien-tôt elle fait la comparaison, elle tire ensuite des conséquences, voilà sa raison formée. Ses pensées naissant les unes des autres sont toujours justes. On dira peut-être qu'elle n'est occupée que d'objets peu importans ; mais je n'en connois point qui le soient les uns plus que les autres. Tout consiste à les voir tels qu'ils sont. D'ailleurs, qu'y a-t-il de plus important que d'étudier les hommes & de connoître leur caractere ? Veut-on juger de la différence d'é-

ducation, il suffira de voir un jeune homme sortant du College en présence d'une sœur plus jeune que lui. Il ne sçait ni ce qu'il dit, ni ce qu'il entend, pendant que sa sœur est toujours au fait de la conversation, & quelquefois en est l'âme : Pourquoi ? C'est qu'elle n'a point appris de latin. Pourquoi les Romains avoient-ils, dit-on, plus d'esprit que nous ? C'est qu'ils n'apprenoient pas le Latin ; mais comme ils apprenoient le Grec, les Grecs qui n'apprenoient rien avoient plus d'esprit qu'eux. Ainsi je conclus qu'on doit aimer, estimer & respecter les femmes. C'est même très-bien fait de les aimer toutes à la fois, ne fut-ce que pour aimer l'inconstance.

Il ne faut compter sur rien. Cela est bien vrai, car je m'attendois à trouver un Conte en vers; je parierois que c'est ainsi que l'Auteur a coutume de penser, après quoi il traduit en prose, quand il juge que son ouvrage peut se passer de vers. Il faut bien un autre mérite pour la prose. Que d'ouvrages perdroient leur réputation, si on les y réduisoit! Ce seroit une espece de coupelle, pour sçavoir s'il y a des choses, & non pas des mots. Souvent pour remettre des vers en prose, il suffiroit d'ôter les rimes.

Il y a long-tems que je voulois sçavoir pourquoi *la vérité est au fond d'un puits*; me voilà un peu éclairci, mais je n'en suis pas plus avancé; il me paroît plus difficile que jamais de

l'en

l'en retirer, parce que ceux qui sont allés la chercher étant tombés dedans sur les morts, il faudroit commencer par les dégager de tout ce qui les accable aujourd'hui.

Je ne sçai pourquoi les hommes taxent les femmes de fausseté, & ont fait la vérité femelle. Problême à résoudre! On dit aussi qu'elle est nue, & cela se pourroit bien. C'est sans doute par un amour secret pour la vérité que nous courons après les femmes avec tant d'ardeur; nous cherchons à les dépouiller de tout ce que nous croyons qui cache la vérité; & quand nous avons satisfait notre curiosité sur une, nous nous détrompons, nous courons tous vers une autre, pour être plus heureux. L'amour, le plaisir & l'inconstan-

ce,

ce, ne sont qu'une suite du désir de connoître la vérité.

Lettres pillées. C'est du moins tirer d'un vieil ouvrage un titre neuf. L'Auteur est de bonne foi; c'est sans doute un honnête homme, quelque pauvre diable qui ne peut se passer d'écrire, & qui vit de sa plume.

Le second Dialogue est défectueux à bien des égards. Je désirerois, par exemple, quelques traits satyriques & personnels. Un Auteur qui se prive d'un si grand avantage, entend mal ses intérêts : s'il s'avise de donner un éloge à quelqu'un, les autres le trouvent mauvais, parce qu'ils voudroient qu'il s'adressât à eux; celui même qui en est l'objet use de fausseté, & tâche de persuader qu'il est outré, & que c'est à son insçû. Le comble

comble de la gloire est de mériter & de mépriser les louanges : si vous mettez au contraire quelques traits piquans & applicables à plusieurs personnes, l'intérêt public commence à s'échauffer, chacun en fait l'application à d'autres.

La sincérité par une jeune Demoiselle, est quelque anecdote publique; j'aimerois mieux l'Auteur que l'ouvrage.

Ce qui me plaît de l'Auteur sur *la paresse*, c'est qu'il doit avoir l'esprit naturel, car il n'auroit pas la force de courir après.

J'aime le morceau du *Chien enragé*; il y a de l'esprit, & point de raison. Voilà ce qui fait les bons ouvrages. L'esprit est quelque chose de décidé, la raison est arbitraire. Tout le monde court après l'esprit, tout le mon-

monde en veut avoir, preuve de l'estime qu'on en fait. L'esprit se fait sentir d'abord, on ne peut le méconnoître. Qu'un homme parle ou écrive avec esprit, il est aussi-tôt l'objet de l'admiration & de la satire, deux sortes d'éloges ; au lieu qu'on ne sçait ce que c'est que la raison, puisque les gens les plus opposés de sentimens prétendent tous avoir raison. On appelle une chimere, un être de raison, parce qu'un mauvais arbre ne peut produire que de mauvais fruits. L'esprit a de commun avec le bonheur, qu'il ne dépend point d'autrui. Le plus heureux est celui qui croit l'être ; le plus spirituel est celui qui prétend le plus à l'esprit. Quel bien, que celui qui se partage sans s'affoiblir ! Ayons

donc

donc toujours de l'esprit, puisque tout le monde en doit avoir ; je dois pourtant avertir en conscience, qu'il est plus rare qu'on ne s'imagine, sur tout depuis qu'il est devenu commun. La marque de l'esprit borné d'un siécle, est lorsque tout le monde en a ; c'est la preuve qu'il n'y a point d'esprits supérieurs, car ils ne sont jamais en troupe.

Ah ! voilà donc enfin la *Géométrie* appliquée à quelque chose d'utile ; cela me réconcilie avec elle ; jusqu'ici les sciences ne m'avoient paru propres qu'à rendre une raison pénible de ce que nous faisons sans leur secours. On fait voir ici comme quoi on devient plus grand quand on se redresse. La proposition n'est pas si vraie au moral qu'au physique.

FIN.

CPSIA information can be obtained at www.ICGtesting.com
Printed in the USA
LVOW12*1535270314

379215LV00005B/136/P

9 781166 375270